可持续交通：理念到行动

殷艳红 编著

浙江工商大学出版社 | 杭州
ZHEJIANG GONGSHANG UNIVERSITY PRESS

图书在版编目（CIP）数据

可持续交通：理念到行动 / 殷艳红编著 . — 杭州：
浙江工商大学出版社 , 2024. 5
ISBN 978-7-5178-6017-4

Ⅰ . ①可⋯ Ⅱ . ①殷⋯ Ⅲ . ①交通运输业—可持续性
发展—世界 Ⅳ . ① F511.3

中国国家版本馆 CIP 数据核字（2024）第 094126 号

可持续交通：理念到行动
KECHIXU JIAOTONG: LINIAN DAO XINGDONG

殷艳红 编著

策划编辑	王黎明
责任编辑	张　玲
责任校对	都青青
封面设计	胡　晨
责任印制	包建辉
出版发行	浙江工商大学出版社
	（杭州市教工路 198 号　邮政编码 310012）
	（E-mail：zjgsupress@163.com）
	（网址：http://www.zjgsupress.com）
	电话：0571-88904980，88831806（传真）
排　　版	杭州浙信文化传播有限公司
印　　刷	杭州宏雅印刷有限公司
开　　本	710 mm × 1000 mm　1/16
印　　张	10.5
字　　数	171 千
版 印 次	2024 年 5 月第 1 版　2024 年 5 月第 1 次印刷
书　　号	ISBN 978-7-5178-6017-4
定　　价	88.00 元

前　言

　　交通是国民经济与居民生活的重要支撑，交通的便利程度直接影响地区经济的发展，"要想富，先修路"就是交通对于经济发展作用的重要体现。交通也是影响居民生活质量和水平的一个重要方面，"衣食住行"中的"行"指的就是交通。交通还对地区的环境、卫生状况有一定的影响，交通产生的温室气体占全球总排放量的 20%—25%。交通事故是导致人类死亡的首要因素，其死亡率远远超过任何一种疾病带来的死亡率。2021 年中国交通事故死亡人数就达到 61703 人。因此，实现可持续交通是中国构建和谐社会，建设资源节约型、环境友好型社会，促进社会与人类全面发展的重要保证，是当代乃至未来走可持续发展道路的一个重要抓手。

　　中国政府自主制定碳达峰和碳中和目标，大力发展新基建，不断扩大由可再生能源驱动的交通工具比重，推广绿色出行方式。近年来，中国以可持续发展理念为引领，以科学发展观为指导，持续推动交通领域全面绿色转型，实现交通的可持续发展。那么什么是可持续交通？我们是如何促进可持续交通发展的？本书将围绕可持续交通的发展历程，针对可持续交通的理念和实际行动，按照时间顺序分别对公路运输、铁路运输、水路运输、航空运输、管道运输等五种运输方式的可持续发展进行详细阐述。

　　本书内容全面、图文并茂、案例丰富、紧跟时代发展，用通俗的语言深入浅出地讲述可持续交通的科学知识。对于可持续交通中采用的新技术，本书通过举例子、打比方、做比较等方法，以简明的笔调和措辞对核心部分进行清晰描述，避免使用专业性特别强的词汇和结论，让读者通过较短的篇幅快速、全面地了解可持续交通。

　　愿此书能够丰富读者在可持续交通方面的知识，使其了解可持续交通的理念、内涵与成果，对可持续交通从理念到实践形成系统认知。期望读者通过阅读本书，结合我国从"交通大国"到"交通强国"转变带来的切身感受，培养可持续交通意识，在实际生活中选择绿色出行，弘扬绿色出行文化与绿色理念，身体力行助力我国"交通强国"建设，为我国可持续交通发展贡献自己的一份力量。

本书出版获得浙江省社科联社科普及课题（24KPD17YB）立项并得到浙江省软科学研究基地（数字经济与开放经济融合创新研究基地）、宁波市哲学社会科学重点研究基地（数字经济创新与枢纽自贸区联动研究基地）的资助。

由于作者水平有限，难免存在一些缺点和不足。希望本书出版以后，相关领域的专家、同行和广大读者不吝赐教。

殷艳红

2024 年 4 月

目 录

CONTENTS

第一章

可持续交通的理念

>>>>>>>

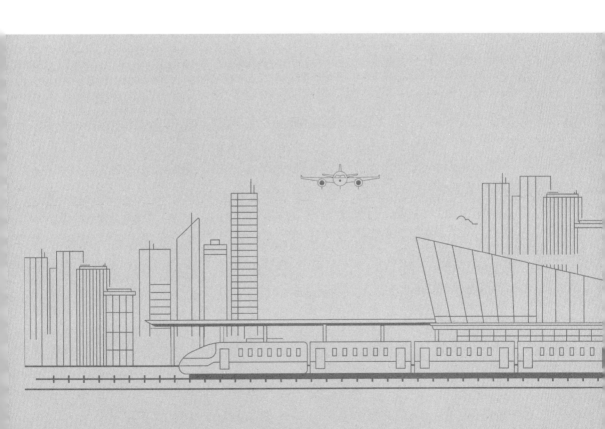

发展可持续交通是实现"交通强国"目标的基本要求和必由之路。要理解可持续交通，就要先理解可持续发展理念。

一、可持续发展

可持续发展是当代中国乃至世界的高频词汇。那到底什么是可持续发展呢？可持续是指一种可以长久维持的过程或状态。可持续发展则是一种可以长久维持的发展模式，具体来说，就是既满足当代人的需求，又不损害后代人满足其需求的发展。发展过程会涉及许多要素，如人、自然环境、文化等，因此可持续发展不仅要实现经济社会发展的目标，还要保护我们人类赖以生存的大气、淡水、海洋、土地、森林等自然资源和环境，使子孙后代能够延续发展、安居乐业。

关于可持续发展概念的提出，最早可追溯到 1980 年由世界自然保护联盟（International Union for Conservation of Nature）、联合国环境规划署（United Nations Environment Programme）、世界自然基金会（World Wide Fund For Nature）共同发表的《世界自然资源保护大纲》。1981 年，美国的莱斯特·布朗（Lester R. Brown）出版了《建设一个可持续发展的社会》，提出以控制人口增长、保护资源基础和开发再生能源来实现可持续发展。1987 年，世界环境与发展委员会（World Commission on Environment and Development）在《我们共同的未来》中正式提出可持续发展概念，将其定义为"既能满足当代人的需要，又不对后代人满足其需要的能力构成危害的发展"。1992 年 6 月，在里约热内卢召开的联合国环境与发展大会通过了以可持续发展为核心的《里约环境与发展宣言》《21 世纪议程》等文件。会议强调了可持续发展的重要性，提出"为了可持续发展，环境保护应是发展进程的一个整体部分，不能脱离这一进程来考虑"。1994 年，中国政府编制了《中国 21 世纪议程——中国 21 世纪人口、资源、环境与发展白皮书》，首次把可持续发展战略纳入中国经济和社会发展的长远规划。1997 年，党的十五大把可持续发展战略确定为中国现代化建设中必须实施的战略。目前，可持续发展已成为世界各国的共识。

可持续发展是一个内涵丰富的概念，涉及自然、环境、社会、经济、科技、政治等诸多方面，包括多个维度、要素和方法。狭义的可持续发展侧重于经济发展与环境保护，是指既满足当代人的需要，又不对后代人满足其需要的能力构成威胁的发展。广义的可持续发展侧重于一种发展思想和发展战略，目标是保证社会具有长期的持续发展能力，确保环境、生态的安全和资源的稳定，避免社会、经济大起大落。

根据侧重的角度不同，可持续发展的内涵也不尽相同，归纳起来主要有如下四个方面：

（一）自然方面的可持续性

"持续性"一词最早是由生态学家提出来的，他们提倡实现"生态持续性"（Ecological Sustainability），即在自然资源的利用与生态环境的保护之间保持平衡。1991 年 11 月，国际生态学联合会和国际生物科学联合会一道举行了关于可持续发展问题的专题研讨会，第一次提出可持续发展概念的自然属性，从生态角度将可持续发展定义为"保护和加强环境系统的生产与更新能力"。生态持续性是可持续性的环境基础。环境的保护与环境污染的治理，能源的合理开发、利用，生态平衡的呵护和生物多样性的保护，不仅直接关系到当代人的生存环境，还影响子孙后代可持续发展的环境。为了实现生态持续性，一方面要遵循预防原则，即使遇到严重或不可逆转的环境威胁，也不能以缺乏确凿的科学依据为理由来推迟实施预防环境恶化措施；另一方面要遵循代际公平理论，即应该为下一代人的利益着想，保持环境的健康、生物的多样性。

（二）社会方面的可持续性

1991 年，世界自然保护联盟、联合国环境规划署和世界自然基金会共同发表了《保护地球——可持续生存战略》，从社会角度将可持续发展定义为"在生存不超出维持生态系统涵容能力的情况下，改善人类的生活品质"，并提出人类可持续发展的九条基本原则。社会可持续性是可持续发展的一个特殊分支，涉及文化和政治的可持续性，以及与生态环境之间的关系和影响，包括建立和维持社会系统的长期完整性，保护对人类和生态都至关重要的生命支持功能。从可持续的角度出发，社会可持续性主要包括社会稳定和社会公平两方面。可持续发展的核心是发展。人是可持续发展的中心体，实现人的发展是可持续发展的重要目的。为了达到社会公平，需要在满足当代人基本需求的同时不损害后代人的需要满足，因此必须控制人口规模，增加社会收入的公平性甚至考虑基因间和基因内的公平性。

（三）经济方面的可持续性

经济也是可持续发展的一个重要方面。爱德华·巴比尔（Edward B.Barbier）在著作《经济、自然资源：不足和发展》中，把可持续发展定义为"在保持自然资源的质量及其所提供服务的前提下，使经济发展的净利益增加到最大限度"。皮尔斯（Pearce）认为，"可持续发展是今天的使用不应减少未来的实际收入"及"当发展能够保持当代人福利增加时，也不会使后代的福利减少"。

经济可持续性有两层含义：一是可持续的经济增长，即经济增长从现在起到可以预见的未来能够被自然和社会环境支持；二是可持续的经济发展，即在保持总资本量，也就是人力资本、人造资本和自然资本不下降的条件下，使经济收益最大化。概括来说，经济可持续性就是指在保持经济快速增长的同时，依靠科技进步和劳动者素质的提高，不断改善发展的质量，从而构建与自然、社会相和谐，具有长久发展能力的经济体系。

（四）科技方面的可持续性

科技是我们实现可持续发展的一个重要手段，也是促进可持续目标实现的工具。从科技角度来看，斯帕思（Spath）认为："可持续发展就是转向更清洁、更有效的技术——尽可能接近'零排放'或'密封式'工艺方法——尽可能减少能源和其他自然资源的消耗。"

二、可持续交通

交通与可持续发展密切相关，交通方式与交通系统对经济、环境、社会有巨大影响。交通运输在为人们提供便利、促进经济增长的同时，也消耗了大量资源和能源，排放了污染物、产生了道路交通事故等，给交通参与者带来了健康乃至生命安全的威胁。联合国《2030年可持续发展议程》将交通与多个目标直接挂钩，指出可持续交通对应对气候变化、消除贫困、缓解城市拥堵、减少大气污染、提高人民生活质量等都具有重要作用。那么可持续交通是什么呢？

有什么特点？其理念是如何发展起来的？

（一）可持续交通的内涵

可持续交通是从可持续发展衍生出来，用来描述交通运输方式和交通运输规划系统的可持续发展。联合国秘书长可持续交通问题高级别咨询小组在《动员可持续交通促进发展》报告中将其定义为："为人员和货物的流动提供服务和基础设施——以安全、负担得起、可获得、有效的和有弹性的方式促进经济和社会发展，造福当今和未来几代人，同时最大限度地减少碳和其他污染物排放以及对环境的影响。"可持续交通是建立在环境、经济、社会以及科技可持续发展理念的基础上，有效利用环境资源，满足社会和经济发展的交通方式。

具体而言，可持续交通具有以下特点：

1. 交通的经济可持续性

国际经济发展表明，决定一个国家参与国际竞争能力的关键因素是尽可能完备的基础设施。形成公路、铁路、航空、海运等多维立体的交通运输网络，能够减少社会经济的运行成本，带动地区就业增长，从而促进整体经济可持续发展。可持续交通与可持续经济之间关系密切。

2. 交通的资源可持续性

交通是对资源高度依赖的产业之一，如道路、停车、车站等的修建会永久性地改变用地的属性。同时，交通工具的高能耗使得交通活动资源消耗较多。交通的可持续发展要求减少交通土地占用，提高发动机燃油效率，研制节能型机动车，推广环保型新能源机动车的应用，减少化石能源消耗。这些都是提高资源可持续利用率的重要手段。

3. 交通的环境可持续性

交通是温室气体的主要排放者。据统计，交通运输能源约有95%来自石油，其产生的温室气体占全球温室气体排放量的20%—25%。交通运输领域的碳排放还是造成各地空气污染和烟雾的主要原因。可持续交通是要实现交通与自然生态的和谐共生，要提高燃料效率，降低碳排放，同时减少有害污染物排放。此外，可持续交通应致力于减少噪声污染，创造一个安静的运行环境；宣传绿色低碳交通方式，推广智能化、数字化、轻量化交通装备。

4. 交通的社会可持续性

由于汽车的发展提升了人们出行的便利度，城市中心开始往外扩散。学校、图书馆等为了有更好的活动空间，逐渐远离中心城区，从而在整体上增加了交通负荷。同时，久坐不动的生活方式也带来了肥胖等健康问题。在可持续交通的驱动下，人们越来越关心交通所带来的社会公平问题，比如汽车带来的空气污染和安全风险，无论是否拥有汽车，每个人都需要承担。可持续交通体现了以人为本原则，支持改善环境质量，提高交通安全水平。此外，可持续交通致力于保障社会公平，充分考虑低收入者和弱势群体的可得性。

5. 交通的科技可持续性

交通既是科技创新的重要载体，也是科技革命和产业变革的重要领域。无论是以可再生能源为动力的电动汽车、航空运输工具、零排放船只的研发，交通安全性的提高，还是基础设施的迭代，都要依靠科技来推动。习近平主席在第二届联合国全球可持续交通大会上强调，要大力发展智慧交通和智慧物流，推动大数据、互联网、人工智能、区块链等技术与交通行业深度融合，实现"人享其行、物畅其流"。

（二）可持续交通理念的发展历程

可持续交通理念最早可追溯到 1992 年的联合国环境与发展大会。《21 世纪议程》的第 7 章"促进人类住区的可持续发展"和第 9 章"保护大气层"中分别提到"促进人类住区可持续的能源和运输系统""审查现有运输系统，并更有效地设计和管理交通运输系统"。1997 年联合国大会第十九届特别会议对《21 世纪议程》的五年执行情况进行审查，会议指出交通预计将成为世界能源需求不断增长的主要推动力。2002 年可持续发展世界首脑会议通过了《约翰内斯堡执行计划》，从基础设施、公共交通系统、货物运输网络、交通的可负担性、效率和便利性，以及改善城市空气质量和健康、减少温室气体排放等方面，为可持续交通的发展提供了多个立足点。

全球对可持续交通的关注不断增多。在 2012 年联合国可持续发展大会上世界各国领导人一致认为，可持续交通可以促进经济增长并改善可达性，在尊重环境的同时实现更好的经济一体化，也会改善社会公平、增强城市复原力、加强城乡联系以及提高农村地区生产力。交通和移动运输对可持续发展至关重要。随后，联合国秘书长在《五年行动议程》中确定了交通运输是可持续发展的一个主要组成部分，并于 2014 年 8 月成立了一个可持续交通问题高级别咨询小组，咨询领域包括公路、铁路、航空、海运、轮渡和城市公共交通等。2016 年，该高级别咨询小组在首届联合国全球可持续交通大会上提交了题为"动员可持续交通促进发展"的全球可持续交通展望报告。此次大会围绕城乡交通运输、多模式交通、公共交通、可持续交通与气候变化及能源之间的关系、道路运输安全等议题进行讨论，与会各方达成一致共识，即没有可持续交通，气候行动就不会有长足的进展；没有可持续交通，可持续发展目标就不会有长足的进展。会后通过的总结性文件《与时俱进暨可持续交通宣言》为打造现代交通模式指引了方向。2021 年，第二届联合国全球可持续交通大会在北京举行，主题为"可持续的交通，可持续的发展"，主要聚焦可持续交通与减贫脱贫、民生、国际互联互通合作、绿色发展、区域发展、创新发展、安全发展、可持续城市、政府治理等九项议题。（见图 1-1）

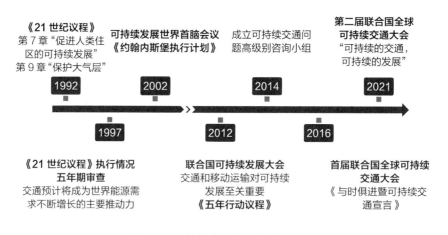

图 1-1　可持续交通的理念发展历程

2023 年，全球可持续交通高峰论坛在北京召开，主题为"可持续交通：携手合作助力全球发展"。习近平主席致贺信，指出建设安全、便捷、高效、绿色、经济、包容、韧性的可持续交通体系，是支撑服务经济社会高质量发展、实现"人享其行、物畅其流"美好愿景的重要举措。至此，可持续交通理念依旧在不断发展。

第二章

可持续交通的初期行动

>>>>>>>>

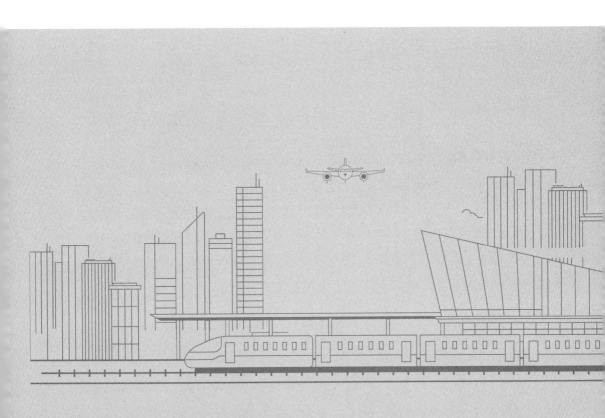

根据交通方式的不同，交通运输可以划分为公路运输、铁路运输、航空运输、水路运输和管道运输等五种类型。下面分别针对每种交通运输类型，按照时间顺序对其采取的可持续发展行动、实践和趋势进行详细阐述。

一、公路运输的初期行动

在内燃机出现之前，以畜力为主、人力为辅的马车、驴车、牛车等是十分普遍的交通工具，它们带动了历史的进步和发展。像马车，其历史极为久远，几乎与人类的文明一样漫长。然而随着蒸汽机、内燃机、火车和汽车的出现，马车的黄金时代逐渐结束。现代运输业伴随着高效、快速、高能耗和高污染拉开了帷幕。

初期的公路运输可持续行动主要体现在以下几个方面：

（一）运输速度加快

以蒸汽机的发明和应用为代表的第一次工业革命是人类发展史上的一个重要阶段，创造了巨大生产力，使社会面貌发生了翻天覆地的变化，实现了从传统农业社会转向现代工业社会的重要变革。蒸汽机不仅被用于生产，还被用于改良运输工具。1769 年，法国工程师居纽制造了世界上第一辆由蒸汽驱动的三轮汽车。这辆汽车被命名为"卡布奥雷"，车长 7.32 米，车高 2.2 米，车架上放置着一个大锅炉，前轮直径 1.28 米，后轮直径 1.50 米，前进时靠前轮控制方向，每行驶 12—15 分钟需停车加热 15 分钟，运行速度 3.5—3.9 千米 / 小时。（见图 2-1）

"卡布奥雷"是古代交通运输（以人、畜或风为动力）与近代交通运输（机械驱动）的分水岭，具有划时代的意义。随后奔驰公司发明了三轮汽车，

图 2-1　第一辆由蒸汽驱动的三轮汽车"卡布奥雷"

其最快速度为 16 千米 / 小时。1825 年，英国人斯瓦底·嘉内制造了一辆 18 座蒸汽公共汽车，其车速为 19 千米 / 小时。世界上最早的公共汽车开始运营。19世纪结束的时候，已经出现了车速为 56 千米 / 小时的蒸汽汽车 Runabout。到20 世纪 30 年代，车型设计开始重视空气动力学效应，流线型车身诞生，如1933 年皮尔斯-箭公司推出的银箭原型车，1934 年克莱斯勒公司推出的气流型车。

1937 年，德国政府成立大众汽车公司，计划生产名为甲壳虫的 VW33 型国民汽车。1938 年，费尔迪南德·波尔舍（保时捷）完成车型设计，流线型车身使汽车行驶时受到的空气阻力大幅降低，车速提高。"二战"时美国福特T 型车的最快速度约为 72 千米 / 小时，威斯利"吉普"的最快速度约为 105 千米 / 小时，梅赛德斯-辛普尔斯的最快速度约为 117 千米 / 小时，这是当时最快的公路行驶汽车。20 世纪 60—70 年代，福莱纳把 19 升的柴油机塞进一辆平头车，使其速度达到 128 千米 / 小时，创造了当时的公路速度之最。

（二）运量提升

古代的陆路运输主要靠人力、畜力，以挑、驮、拉、推为主，其运量极其有限。蒸汽机的出现带动了机车的发展，运输工具的运量大幅提升。1804 年，脱威迪克设计并制造了一辆蒸汽汽车，拉着 10 吨重的货物行驶了 15.7 千米。1896 年，戴姆勒发明了一辆由机械动力替代马匹来驱动的四轮卡车，使用的是一款排量为 1.06 升的双缸发动机，最大功率为 4 马力，有效载荷为 1.5 吨。这种全新的公路货物运输工具宣告了世界上第一辆卡车的正式诞生，解决了铁路网络覆盖不广、马车速度和运力十分有限的问题，开启了运输的黄金时代。两年后，戴姆勒又推出了一款重达 5 吨的卡车。与 1896 年的第一辆卡车相比，这辆卡车在技术上有了显著进步，基本具备了现代卡车的雏形。1924 年 3 月12 日，德国的两名工程师斯特姆（Sturm）和维比克（Wiebicke）从奥格斯堡的工厂出发，驾驶 4 吨重的 M.A.N.Saurer 平板运输车在 5.5 小时之内完成 140 千米的路测。1980 年，斯堪尼亚推出的一款全新系列车型——斯堪尼亚 2，它全长 82 米，总载重 16—32 吨。1991 年，斯堪尼亚推出改良的 14 升 V8 发动机，型号为 DC14，一举将动力推至 500 马力。这也是欧洲量产卡车中首个达到 500马力的车型。

（三）运载效率提高

国际道路运输联盟于 1948 年在瑞士日内瓦成立。作为道路运输行业的国际组织，它在全球 100 多个国家拥有会员并开展活动，致力于推动全球交通运输行业的可持续发展。1949 年，国际道路运输联盟经联合国授权管理跨境货运海关通关系统——TIR 系统，即国际公路运输系统。

作为全球唯一的跨境货运海关通关系统，TIR 系统通过简化通关程序和提高通关效率，成为促进贸易便利化和提高国际运输安全水平的实用工具。它不仅适用于国际公路货物过境运输，也适用于国际货物多式联运中有一段利用公路运输的货物过境运输。采用 TIR 系统只需少量的人力和设施，货物通关时，海关仅需核对 TIR 证信息，检查运载货物的海关关封，无须进行开箱检查，从而减少货物在口岸的等待时间，降低运输成本。TIR 证同时为过境货物提供关税担保。只有经过批准的运输企业和车辆才可以使用 TIR 系统。在过去 60 多年的实践中，TIR 系统减少了 40% 的运输时间和 30% 的运输成本，是提升贸易便利化和运输安全化的实用工具。20 世纪 70 年代以来，美国已逐步放松乃至取消有关运输行业经济管制的一系列法律法规和政策，1991 年通过了《多式联运与运输效率法》以提升运输效率。

（四）道路质量提升

道路的发展是人类改造自然、社会发展的直接体现，道路质量直接影响运输效率的高低。原始的道路是由人践踏而形成的小径，随着车辆的出现产生了车行道，人类陆上交通出现了新局面。法国工程师特雷萨盖发现了新的筑路方法并被普遍采用，从而建成了著名的法国道路网。法国人也因此尊称特雷萨盖为现代道路建设之父。1815 年，苏格兰工程师特尔福德采用一层式大石块基础的路面结构建筑道路。1816 年，英国工程师马克当主张取消特尔福德所设计的笨重的大石块基础而代之以小尺寸的碎石材料，并获得了成功，这种碎石路面称为马克当路面，至今仍在使用。1858 年，轧石机的发明促进了碎石路面的发展。1860 年，法国出现了蒸汽压路机，进一步促进并改善了碎石路面的施工技术和质量。用石子、石块或石板筑成的道路，其路面更加平整，不容易塌陷，使用寿命更长，尤其适合在多雨潮湿地区使用。这一时期，道路质量的提升对社会经济的发展起到了很大的促进作用。但由于石板光滑与否对轮胎安全影响较大，于是各种路面改良技术不断涌现。

1832—1838 年，英国人用煤沥青在格洛斯特郡修筑了第一条煤沥青碎石路。1858 年，法国人在巴黎用天然岩沥青修筑了第一条地沥青碎石路。到 20 世纪，石油沥青已经成为使用量最大的铺路材料。中国上海最早在 20 世纪 20 年代开始铺设沥青路面。1949 年以后随着中国自产路用沥青材料工业的发展，沥青路面已广泛应用于城市道路和公路干线，成为当时中国铺筑面积最多的一种高级路面。1868 年，苏格兰首次在因弗内斯通往某堆货场道路上铺筑混凝土路面。20 世纪 20 年代，欧美各国在公路、城市道路和飞机场跑道上大量铺设混凝土路面。美法两国分别于 20 世纪 30 年代和 40 年代中期开始试铺预应力混凝土路面。20 世纪 70 年代初，美国和荷兰开始试铺钢纤维混凝土路面。1909 年，世界道路协会成立，这是一个专门从事公路设施的规划与管理，设计与施工，以及运行、安全和维护等方面信息交流的非营利性、非政府性国际组织。

沥青和混凝土的应用极大地提升了公路质量，使其与车辆的高速发展相匹配，促进社会迅速发展，经济发展更加繁荣。但同时，沥青和混凝土在原料制造过程中产生大量污染，它们的大量使用也破坏了公路沿线的环境。

（五）汽车生产与销售增多

1887 年，法国庞哈德·莱瓦索马车制造公司获得戴姆勒高速汽油机在法国生产的专利权。1894 年，该公司能生产几百辆汽车，是世界领先的汽车生产公司。继德国、法国之后，美国、英国和意大利出现了多家这种作坊式汽车生产公司，1900 年欧美共生产汽车 9504 辆。

1896 年亨利·福特试制出第一辆汽车，1903 年成立福特汽车公司。1908 年，福特及其伙伴将奥尔兹、利兰以及其他人的设计理念融合在一起，制造出一种新型汽车——T 型车（见图 2-2），并于 1909 年开始 T 型车单一品种生产。当年每辆售价 950 美元，产量达万辆。1914 年，他将泰勒的流水生产线技术运用到汽车上，这种技术被后人称为装配线。组装 1 辆汽车由原来的 750 分钟缩短为 93 分钟，工厂单班生产能力达 1212 辆。当时有专用机床约 1.5 万台，工人 1.5 万人，这就是后来为全世界汽车厂继承的汽车大批量生产方式的原型。

1970 年，日本成为世界第二大汽车生产国。1971 年世界汽车年产量突破 3000 万辆大关，达到 3343 万辆。1972 年，甲壳虫汽车累计产量超过 1500 万辆，打破了福特 T 型车所保持的单一型累计产量最高的世界纪录。

图 2-2　福特 T 型车

（六）运输安全提高

20 世纪 60 年代，美国建立了影响至今的联邦机动车安全标准，成为世界上最早的汽车安全性法规。随着逐年不断完善，联邦机动车安全标准已经涵盖主动安全法规和被动安全法规在内的几十项内容，成为全球范围内具有颇高参考价值的汽车安全性法规。1967 年美国国家运输安全委员会（National Transportation Safety Board）成立，负责全美各类交通事故的事故调查，包括高速公路、航空、海运、铁路、管道事故、危险品事故。1978 年美国高速公路安全管理局（National Highway Traffic Safety Administration）成立，是美国政府实施车辆安全监管的最高主管机关。作为美国政府实施车辆安全监管的权威机构，其承担着确保各类车辆必须符合机动车安全法规要求的重要职责。美国高速公路安全管理局主要是通过测定模拟人所承受的全面双向（正面和侧面）撞击，来进行车辆安全性五颗星级的评定。1979 年，美国高速公路安全管理局制定新车评定规程（New Car Assessment Program），它按照比国家法规更严格的方法对在市场上销售的车型进行碰撞安全性能测试、评分和划分星级，并向社会公开评价结果。由于这样的测试公开、严格、客观，从而广为消费者所认可，它也成为汽车企业产品开发的重要规范，对提高汽车安全性能作用显著。与此同时，欧洲相继推出了由欧洲经济委员会、欧洲经济共同体制定的汽车安全法规。日本也推出了道路运输车辆安全标准。可以说，美、欧、日等地的汽车安全法规比较严苛。也得益于这些法规的制定与执行，汽车厂商加大了在汽车安全性技术方面的研究力度，推动了汽车安全性能的发展。

1987年9月21日，公安部颁布中华人民共和国国家标准《机动车运行安全技术条件》（GB 7258—87）。该标准在1988年1月1日正式开始执行，主要规定了机动车的整车以及其发动机、转向系统、制动系统、传动系统、照明系统等相关运行安全的技术要求。该标准推出之后，有关部门也不断地对标准进行修订完善，促进了交通安全。标准与法规的约束力度是不同的，标准更多的是一种直觉承担、义务性质的约束力，而不是法律意义上的约束力。直到2002年，中国实施强制性产品认证制度（CCC认证），汽车企业这才开始采用强制性标准。2003年10月，第十届全国人大常委会第五次会议通过了《中华人民共和国道路交通安全法》，这也是我国首部关于道路交通安全的法律。

（七）环保意识增强

内燃机的出现极大地提升了燃料使用效率、运输工具运输效率，推动了多种车型的研发，汽车行业空前繁荣，更多的化石燃料被开采使用。造车技术成熟后，汽车数量急剧增多，人们发现开始出现交通拥堵、安全和污染问题，意识到污染防治与绿色发展的重要性。

美国于1966年实施汽车排气污染防治法，1967年实施联邦机动车安全标准。日本于1966年实施汽车排气标准，1968年实施汽车安全标准。1975年美国制定的适用于新售车辆的CA-FE（公司平均燃料经济标准）从1978年开始生效，要求每个汽车制造商每年在美国销售的所有汽车和轻型卡车必须符合政府设定的每加仑汽油的行驶里程，其目的是通过提高车辆的燃料效率实现节能目标。1990年9月，美国加利福尼亚州空气资源委员会通过了有关低排放车辆和零排放车辆的法规，前者要求提高常规燃料车的排放标准，后者则规定在加利福尼亚州销售的所有新汽车和轻型卡车中零排放车辆必须达到特定比例。

在中国，1987年交通部（2008年改为交通运输部）发布了《交通建设项目环境保护管理办法（试行）》。1990年交通部正式颁布《交通建设项目环境保护管理办法》，这是中国交通建设环境保护方面最早的专门性法规。1998年11月，国务院发布了《建设项目环境保护管理条例》，将建设项目环境保护提升到国家层面。

二、铁路运输的初期行动

铁路运输是使用铁路列车运送旅客和货物的一种运输方式。其特点是运送量大、速度快、成本较低、一般不受气候条件限制，适合大批货物的长途运输。1804 年，理查·特里维西克在英国威尔士发明了第一辆能在铁轨上前进的蒸汽机车，乔治·斯蒂芬森和罗伯特·斯蒂芬森在 1829 年制造了"火箭号"蒸汽机车。1820 年，英格兰在史托顿与达灵顿之间修建了世界上第一条铁路。随后铁路便在英国和世界各地得到广泛采用和发展，成为世界交通的重要组成部分。全球 200 多个国家和地区中，有 144 个国家和地区有铁路运输，其中约 90 个国家和地区提供客运铁路服务。

铁路运输不断发展的同时，环境、经济、社会的可持续发展也在逐步推进。铁路运输主要消耗煤和石油，而燃料的消耗会产生大量的二氧化碳。因此，铁路运输产生的二氧化碳和其他尾气的排放量巨大，给环境带来消极影响。如何控制铁路运输产生的气体排放，促进铁路运输的可持续发展？下面就按照时间顺序，先从初期阶段来论述铁路运输的可持续发展行动。

国际铁路联盟（International Union of Railways，UIC）（见图 2-3），简称铁盟，是欧洲一些国家的铁路机构以及其他洲的铁路机构和有关组织参加的非政府性铁路联合组织，其宗旨是推动国际铁路运输的发展，促进国际合作。铁盟还致力于改进铁路技术装备和运营方法及开展有关问题的科学研究，实现铁路建筑物、设备的技术标准的统一。铁盟成立于 1922 年 12 月 1 日，盟址设在巴黎，成立时仅有 27 个国家的 4 个铁路机构参加，到 1983 年 1 月共有 68 个铁路机构和 15 个与铁路有关的组织参加。68 个铁路机构中有 39 个正式成员，其中欧洲 27 个、北非 4 个、中东 8 个；有 29 个准成员，其中非洲 12 个、北美和中美 6 个、亚洲 8 个、大洋洲 3 个。此外，还有 15 个赞助成员。中国铁路于 1979 年 6 月在铁盟内恢复活动。1950 年，铁盟在荷兰乌德勒支组建了国际铁路联盟试验研究所，主要

图 2-3　国际铁路联盟标志

从事铁路基础研究，促进机车车辆和固定设备的性能改善与技术改造推广科研成果，制定前期试验及验证工作。自 1991 年起，国际铁路联盟试验研究所更名为欧洲铁道研究所（Eruopean Rail Research Institute）。

初期阶段，铁路运输的可持续发展行动主要体现在以下几个方面：

（一）提高运输速度

速度是运输追求的主要目标，列车的提速成为初期铁路运输可持续发展的主要内容之一。1825 年英国人乔治·斯蒂芬森设计的"运动号"蒸汽机车牵引列车搭载 450 名旅客以最高 24 千米 / 小时的速度行驶在铁路线上。1829 年，乔治·斯蒂芬森和罗伯特·斯蒂芬森共同研制的"火箭号"蒸汽机车，在利物浦—曼彻斯特铁路上最高跑出了 38.4 千米 / 小时的速度。1830 年，英国的乔治父子研制出"诺森伯兰人号"蒸汽机车继续打破纪录，创下 57.6 千米 / 小时的最高速度。1845 年，英国境内的大西部铁路开通了提速的伦敦—埃克塞特铁路，列车运行速度达到了 70 千米 / 小时。1855 年，在英国境内帕丁顿—迪德科特的铁路上，"飞翔的荷兰人号"蒸汽机车跑出了 90 千米 / 小时的速度。同年，法国的"普兰顿号"蒸汽机车打破纪录，创造了平均行驶速度达 100 千米 / 小时的新纪录。1912 年，瑞士苏尔寿公司利用柴油内燃机技术制造出第一辆内燃机车，机车功率达 883 瓦，最高速度可达 100 千米 / 小时。

1923 年，英国伦敦和东北铁路公司旗下的"飞翔的苏格兰人号"列车，速度已达 160 千米 / 小时。1937 年，意大利安萨尔多百瑞达公司生产制造的 ETR200 型电力快车投入商业运营，最高速度可达 201 千米 / 小时。1938 年，伦敦和东北铁路公司旗下的"野鸭号"蒸汽机车创造了蒸汽机车最高速度纪录——202.58 千米 / 小时。1954 年，法国 CC7212 型号电力机车面世，并创造了 243 千米 / 小时的速度纪录。

1955 年 3 月 28 日，法国阿尔斯通设计制造的 CC7107 型号机车再次刷新了世界电力机车的速度纪录，达到了 326 千米 / 小时。1955 年，法国日蒙-施耐德公司研制的 BB9004 型号电力机车再一次打破了电力机车速度的世界纪录，达到了 331 千米 / 小时的最高试验速度。1973 年 6 月 11 日，英国的 HST 样车进行行车试验，以 230.5 千米 / 小时的高速创下内燃机车的世界纪录。1981 年 9 月 27 日，法国高速铁路正式开通，高铁线路全长 417 千米，最高速度达到了

380.4 千米 / 小时，打破了世界纪录。与此同时，法国成为除日本之外全世界第二个掌握高速铁路技术的国家。

　　1988 年 5 月 1 日，德国 ICE-V 型列车在汉诺威—维尔茨堡进行测试，创下 406.9 千米 / 小时的世界纪录。1989 年，法国的大西洋新干线电动车组投入运行，并在 1990 年 5 月 18 日创造出 515.3 千米 / 小时的世界纪录。1996 年，日本新干线 300X 试验列车创下了 443 千米 / 小时的速度纪录。1999 年，日本的超导磁悬浮列车在实验线上达到 550 千米 / 小时的速度。

　　中国铁路也顺应世界潮流开始提速。1993 年全国铁路客车平均行驶速度仅 48 千米 / 小时。1997 年 4 月 1 日，中国铁路开始第一次大提速，在京广、京沪、京哈三大干线上，首次开行 140 千米 / 小时的快车和夕发朝至长途客车，提速后全国客车的均速提升到 54.9 千米 / 小时。1998 年 10 月，中国铁路开始第二次大提速，以京广、京沪、京哈三大干线为重点，提速区段快车运行速度可达 160 千米 / 小时，非提速区段也能达到 120 千米 / 小时，提速后全国铁路客车的均速达 55.2 千米 / 小时。2000 年 10 月 21 日，中国铁路开始第三次大提速。这次大提速主要在陇海（连云港—兰州）、兰新（兰州—乌鲁木齐）、浙赣（杭州—南昌）、京九（北京—香港九龙）这四大干线展开，覆盖全国主要地区的提速铁路网初步形成。另外，铁道部（2013 年改为国家铁路局）革新了列车等级划分，将列车等级由原先的七个改为三个，即特快、快速、普客。全国铁路客车的均速达到了 60.3 千米 / 小时。

（二）降低噪声污染

　　随着速度的提升，接踵而来的就是噪声问题。列车在行驶过程中不可避免地会穿过城市，所产生的噪声就会对周边居民产生影响，于是有许多措施开始聚焦在降噪上。

1. 独特的车头设计降低噪声

　　通常高速列车的时速达到 200 千米时，就会产生较大噪声。日本第一列新干线列车在 1964 年造出来的时候，速度达到 193 千米 / 小时。如此快的速度就会产生很强烈的噪声，尤其是当列车驶入隧道这种类似密闭的空间时总会发出震耳欲聋的噪声，即使在车内也听得很清楚，乘客抱怨说有一种火车挤到一起的感觉。日本工程师中津英治（Eiji Nakatsu）在研究列车的噪声问题时发现，新干线列车总在不断推挤前面的空气，形成了一堵"风墙"。中津英治从翠鸟善于俯冲的行为中找到灵感，它们喙的外形像刀子一样，瞬间穿越空气，从水面穿过时几乎不产生一点涟漪。于是，他对不同外形的新干线列车进行实验，发现翠鸟喙形的车头（见图 2-4）最能有效穿透那堵"风墙"，相对安静地通过隧道这样类似封闭的空间。

为了减少噪声对居民的影响，日本政府不仅对高速列车进行了限速，还要求高速列车采用将近 30 米长的鸭嘴形车头。（见图 2-5）鸭嘴形设计最早出现在 1997 年底上线的东日本铁路公司的 E4 系电力动车组上。鸭嘴的形状可以使气流向上，减少进入隧道时的微气压波（这是高速列车噪声的一大来源），同时也能减少会车时的晃动。之后日本东海旅客铁道和西日本旅客铁道推出了用于东海道—山阳的新干线 700 系列车，而 700 系列车的鸭嘴形设计从此成为经典。此后推出的旗舰级新干线列车都普遍使用了鸭嘴形设计。

图 2-4　翠鸟喙形车头

图 2-5　鸭嘴形车头

2. 新型受电弓的设计降低噪声

高速铁路均采用电力牵引，高速列车必须在高速运行条件下从接触网上取得电能，而且必须保证其供电的绝对可靠和不间断，否则将影响高速列车的运行和电气驱动系统的性能。由于受电弓暴露在列车之外，在高速行驶中不可避免地产生噪声。受电弓各部件受到流动冲击，产生周期性涡旋脱落诱发的单音噪声，这些可通过减少受电弓结构部件、改变受电弓杆件截面形状、安装受电弓导流罩、在受电弓两侧设置隔声板和射流控制等措施对气动噪声进行有效控制。

1981 年 2 月 26 日，法国东南新干线采用 AMDE 型受电弓，创造了 380 千米/小时的世界纪录。AMDE 型受电弓为双层小开度型（或称子母弓）受电弓，接触压力为 70—80 牛，采用碳滑板，质量为 9 千克。1990 年 5 月 18 日，法国国营铁路公司（SNCF）在大西洋新干线上采用 GPU 型受电弓，以更好地适应 400 千米/小时以上速度的受流需要。法维莱公司研制的 X 系列受电弓自 1990 年以来经历了长期的实验过程。这些受电弓采用合成纤维弓头、重量减轻了 30%—40%。X 系列受电弓均采用气垫支撑装置和高性能空气调整装置，关节式结构，不受运行速度和方向的影响，为适应特别需要既可安装高上升度弓头滑板，又可安装低上升度弓头滑板。X 系列受电弓的设计大大降低了列车行驶的噪声。

（三）减少铁路运输污染排放

铁路运输污染排放主要是指内燃机在运营过程中产生的蒸汽和各站段固定锅炉产生的烟气等，其主要成分是二氧化硫、氮氧物、一氧化碳和烟尘等。减少污染物的排放可以通过改变能源供给种类的方式来实现。1980 年，美国伯灵顿北方圣达菲铁路公司（BNSF）研制了一台 EMD 567 柴油机车发动机，这台发动机同时可以使用天然气作为燃料。

除改变能源供给类型外，通过提高发动机效率来减少污染物排放也是一个有效措施。1999 年 9 月，青岛四方机车车辆厂制造的 NJ1 型调车内燃机车是我国第一辆交流传动内燃机车。该内燃机车的起动牵引力为 470 千牛，持续牵引力为 380 千牛，持续速度为 9 千米/小时，最高速度为 80 千米/小时。机车装载 8240ZJC 型柴油机，装车功率为 1320 千瓦。机车主传动为交直交电传动，采用了无刷励磁发电机、大功率整流元件、IPM 牵引逆变器及鼠笼式三相异步牵引电动机，空气压缩机、冷却风扇、通风机采用交流电机驱动。控制系统为多微机处理系统，提高了燃油利用的效率也就降低了废气的排放。

（四）提高铁路运输安全性

铁路运输安全性随着铁轨技术的改进而得到提升。1630 年，木槽轨道用横向木条连接固定用于运输煤炭，这样一匹马能拉的重量是普通道路上的 4 倍。1767 年，雷诺兹使用了长 5 英尺（152.4 厘米）、宽 4.5 英寸（11.43 厘米）、高 1.25 英寸（3.175 厘米）的铸铁轨，铸铁轨形状类似于现在的槽钢，凹槽朝上，车轮在凹槽内走行。金属轨的运用大大延长了轨道和木条的使用寿命，并且大大减小了车辆的运行风险。

1776 年，库尔（Curr）引进了 L 形铸铁轨。由于 L 形铸铁轨有垂直边，提高了轨道的导向性能，提升了安全性。L 形铸铁轨下用纵向木条承垫，当纵向木条腐烂后，横向塞入木条，或者将石块塞入 L 形铸铁轨下，这样就形成了横向轨枕支承的结构形式。1789 年，杰士普（Jessop）引进了铸铁梁轨和有轮缘的车辆轮，从而结束了车辆既可在普通道路上行驶，又可在轨道上行驶的历史，至此道路和铁路开始分离。当时采用的轨距是 1435 毫米，车轮轮缘有在轨头内侧的，也有在轨头外侧的，还有轨头两侧都有轮缘的。但当车轮缘在轨头外侧时，车辆运行很容易脱轨，所以后面将车轮轮缘改在轨头的内侧。当时的轮缘高度为 1 英寸（2.54 厘米），至今沿用的车轮轮缘也在 1 英寸左右。

因为铸铁轨只有 4 英尺（121.92 厘米）长，所以接头较多，且铸铁较脆，容易断裂。在 19 世纪初，炼铁技术得到了较大的发展，生产出截面更为复杂的鱼腹式 T 形锻铁轨，这种铁轨轨头呈圆弧形，轨腰较厚，并用铸铁支座支承铁轨。1825 年英国斯托克顿至达灵顿的第一条公共铁路线上使用的就是这种锻铁轨。T 形截面轨长 15 英尺（457.2 厘米），铸铁座间距 3 英尺（91.44 厘米），一根 T 形轨有 5 个支座而成连续梁，减少了铁轨的接头，提高了铁轨和支座的承载力，让列车行驶更加稳定。

随着美国铁路的兴建，在 T 形轨下方加一轨底的方式首先被用于美国新泽西铁路的铺设。这种钢轨与现代的钢轨截面相类似，只是在轨枕支承处将轨底加宽，以减小轨座压力，让轨道使用寿命得以延长，提高行驶安全性。

1835 年，曼比（Manby）和洛克（Locke）开发了一种双头轨，用轨座形式将钢轨接头放在一轨座当中，没有接头夹板。设计时，两人考虑到钢轨铺设完成后，在轮载作用下轨头会有磨损，采用这种设计后翻转铁轨便可继续使用。这种钢轨截面合理，重量较轻，容易固定在横向枕木上，而且这种钢轨的垂向和横向都有较大的弯曲刚度。这种轨道结构一直沿用至今。

三、水路运输的初期行动

　　水路运输是指利用船舶、排筏及其他的航运工具，以港口或港站为运输基地，在江、河、湖、海及人工水道等水域范围内，运送旅客和货物的一种运输方式。早在石器时代，人类就以舟、筏为运输和捕鱼的工具，它们一般靠人力来推进和操纵。之后，出现了帆船。15 世纪到 19 世纪中叶是帆船发展的鼎盛时期。19 世纪船舶开始由依靠人力、风力驱动发展到利用机器驱动，在船舶的建造材料上也由木材向钢铁发展。19 世纪上半叶是由帆船向蒸汽机船过渡的时期。1807 年，第一艘采用明轮推进的蒸汽机船由美国人富尔顿建造的。1839 年，第一艘装有螺旋桨推进器的蒸汽机船"阿基米德号"问世。1866 年，中国自己设计制造的第一艘蒸汽轮船"黄鹄号"在南京首航成功。1892 年，德国人狄塞尔发明了压燃式内燃机，即柴油机，20 世纪初开始应用于船上。1903 年，俄国的柴油机船"万达尔号"造好下水。20 世纪中叶，柴油机动力装置成为运输船舶的主要动力装置。燃气轮机利用连续流动的气体为工质，带动叶轮高速旋转，从而将燃料的能量转化为有用功，它是一种以内燃方式工作的动力机械。20 世纪 50 年代后，船用燃气轮机得到快速发展和应用，它具有启动时间快、噪声低、功率大的优点，其缺点是使用成本较高，常用于军舰。原子能的发现和利用为船舶带来了新的动力。1954 年，美国建造的核潜艇"鹦鹉螺号"下水。现有的核动力装置主要用在军舰上，由于经济和安全等方面因素在民用船舶中并没有得到广泛使用。

　　钢制材料可塑性强，特别适合用于船舶的外观和结构制造。钢铁制造的船舶阻力小，功耗低，使用年限也变得更长。船舶推进系统的不断改变在提高航行速度、安全和运输效率的同时也带来了环境的污染。在船舶运输过程中燃料油的燃烧带来了硫氧化物、氮氧化物、颗粒物及二氧化碳等的排放，由此造成的危害包括空气质量下降、温室效应和酸雨等。除此之外，船舶在运输过程中还会产生生活垃圾和废水，这些如果不经处理，也会危害环境。

　　根据国际海事组织（International Maritime Organization，IMO）2020 年发布的第四次温室气体研究报告，2012—2018 年国际海运温室气体年排放量从 9.77 亿吨增加到 10.76 亿吨。预计到 2050 年，随着海运需求的不断增长，二氧化碳排放量将比 2018 年增长约 50%。除上述污染外，水路运输还会造成水污染。在水路运输的发展过程中，人类已经采取了一些行动去减少污染，促进水路运输可持续发展，本小节将论述水路运输初期的可持续发展行动。

在论述之前，先介绍一个重要的国际组织——国际海事组织。（见图 2-6）19 世纪中叶，一些国家提出，应该建立一个永久性的国际机构来更有效地促进海上安全。

图 2-6　国际海事组织标志

1948 年，联合国在日内瓦召开了国际会议，会上讨论并通过了《政府间海事协商组织公约》。1958 年，该公约生效。根据该公约，1959 年政府间海事协商组织（国际海事组织的前身）成立，1982 年更名为国际海事组织，成为联合国负责海上航行安全和防止船舶造成海洋污染的一个专门机构。中国于 1973 年恢复在政府间海事协商组织的合法席位，从 1989 年起连续担任该组织的 A 类理事国。在这个国际组织的引导下，海运变得越来越低碳、绿色、安全，有力地推动了水路运输可持续发展。

（一）船舶大型化

船舶大型化除能够降低单位运输成本、产生规模效益外，还能有效地减少总航行周次，节约能耗。与普通的 10000TEU（标准箱）集装箱船相比，19100TEU 的"中海环球号"的油耗降低了约 20%。船舶大型化首先是从油船的大型化开始的。从 20 世纪 50 年代末起，一些船东发现，船只越大，相对营运成本就越低。于是，许多船东竞相订购大型乃至超大型油轮，从 20 世纪 50 年代末的 10 万载重吨，发展到 60 年代的 30 万载重吨，70 年代的 40 万以上载重吨。1976 年，法国建造了载重量达 55 万吨的超级油轮"巴蒂吕斯号"。1981 年 9 月交付的"海上巨人"以其超过 458 米的船长和 56.4 万载重吨，成为当时世界上最巨大的船只。据 20 世纪 80 年代初的统计，当时投入营运 40 万载重吨以上的巨大型油轮，全世界已经有 20 艘之多。

在油船大型化的同时，也出现了装运煤炭、矿砂、谷物等干散货船的大型化。1954 年，散货船平均载重仅为 1.9 万载重吨，1973 年起平均载重达到 5.4 万载重吨。散货船队平均单船吨位的增长，主要体现在 4 万—6 万载重吨大灵便型、6万—8万载重吨巴拿马型、12万—20万载重吨好望角型船的增加，而4万载重吨以下船舶数量明显减少。20世纪80年代后期，随着造船技术的不断改进，大型船舶凭借规模、环保和能源优势得到了巨大的发展。

（二）船舶专业化

早期的杂货船承揽一切货种的运输，包括散装的煤炭、谷物和桶装油等。1886年开始出现具有现代油船特征的专业船舶。19世纪70年代以前，运输船舶是客货混装的。英国在大西洋上开辟专门从事客运的定期航线，航运发达国家竞相建造设备齐全、豪华舒适的大型客船。第二次世界大战以后，各种专用船发展很快。杂货船用途广泛，适应性强，在艘数上至今仍占优势。散装货船按照装载物的不同，发展为运煤船、矿砂船、运木船、牲畜船、谷物船等。除此之外，还出现了装运液化天然气和液化石油气的液化气船、滚装船等专业化船舶。船舶的专业化大大地提高了运输效率。

集装箱船舶是水运发展史上的一大变革，采用集装箱运输，具有缩短船舶在港时间、节约人力、保证货运质量等优点，大大提高了货物运输效率。第一代集装箱船出现于20世纪60年代，横穿太平洋、大西洋的17000—20000总吨集装箱船可装载700—1000TEU。第二代集装箱船出现于20世纪70年代，40000—50000总吨集装箱船可装载1800—2000TEU，航速也由第一代的23节提高到26—27节（1节约等于1.852千米/小时）。第三代集装箱船出现于1973年石油危机爆发时，这一代船的航速降低至20—22节，但集装箱的装载数达到了3000TEU，是高效节能型船。第四代集装箱船出现于20世纪80年代后期，集装箱船的航速进一步提高，集装箱船大型化的限度以能通过巴拿马运河为准绳，装载总数增加到4400TEU。由于采用了高强度钢，船舶重量减轻了25%。另外，大功率柴油机的研制，大大降低了燃料费，船舶自动化程度的提高有效减少了船员人数，集装箱船的经济性进一步提高。第五代集装箱船，如德国船厂建造的5艘APLC-10型集装箱船可装载4800TEU。第六代集装箱船，如1996年春季竣工的"Rehina Maersk号"集装箱船，最多可装载8000TEU。随后，10000TEU的超大型集装箱船首先在韩国问世，随后，10000TEU以上的集装箱船在韩国、中国纷纷建造而成，这标志着集装箱船进入了"万箱船"时代。

（三）运输安全性提高

19 世纪末和 20 世纪初是欧洲人乘船进行海上旅行的鼎盛时期，但当时事故也常有发生。1912 年，"泰坦尼克号"沉没引起了国际社会对航海安全的巨大关注。1913 年，在英国伦敦召开了首次国际海上人命安全会议，13 个国家代表参加了会议并于 1914 年通过了有关海上航行安全的国际条约——《国际海上人命安全公约》。之后，公约不断被修订，进行了多个版本的更迭，国际海事组织成立后回顾和修改了《1948 年国际海上人命安全公约》。1960 年，国际海事组织通过了《1960 年国际海上人命安全公约》，从技术的角度对条文做了多处修正，并将以前仅适用于客船的许多安全措施扩大到货船。为了进行更好的修订，一个新的公约《1974 年国际海上人命安全公约》在 1974 年获得通过，其内容包括已通过的 1960 年版公约的所有修正案和其他必要的改进意见。此外，新公约还改进了修正程序，改用默认接受程序。按照新的接受程序，如果没有指定数目的国家反对，会议所通过的修正案将在预定的日期生效。该程序使 1974 年版公约保持了旺盛的生命力，从此《1974 年国际海上人命安全公约》不再被新公约取代，而是在其框架下不断修订完善。目前，《1974 年国际海上人命安全公约》已被多次修改和更新，可以说除名称外，其内容有了翻天覆地的变化。《国际海上人命安全公约》的不断发展为保障世界海运安全做出了巨大的贡献。

（四）运输更加绿色环保

面对船舶污染，特别是日益严重的海上油污污染，英国于 1954 年召开了一次国际会议，通过了《1954 年国际防止海洋油污染公约》。1967 年，"托雷峡谷号"在英国锡利群岛附近海域沉没，导致 12 万吨石油泄漏。于是在接下来的几年中，国际海事组织推出了一系列旨在防止油轮事故并降低风险的措施。随着现代工业的飞速发展，在海上航行的船舶数量也越来越多，不仅仅是油类，其他一些有毒有害物质对海洋的污染也日趋严重。1973 年，国际海事组织通过了新的公约即《1973 年国际防止船舶造成污染公约》取代旧公约，新公约中标明的污染物除船舶油类物质外，还包括了散装液体化学品、包装有害物质、生活污水以及船舶垃圾等其他有毒有害物质。之后，公约经修改，生成《经 1978 年议定书修订的〈1973 年国际防止船舶造成污染公约〉》（MARPOL73/78）。为了减少船舶排放废气中的氮氧化物、硫氧化物等污染物对大气的影响，国际海事组织通过了 1997 年议定书，修订了 MARPOL73/78，增加了防止船舶造成大气污染的规则（附则Ⅵ）。

在温室气体的排放上，国际海事组织于 1997 年启动了国际海运温室气体减排议题讨论；2016 年通过了船舶温室气体减排战略路线图，初步确定了船舶温室气体减排"三步走"战略实施时间表；2018 年通过了船舶温室气体减排初步战略。初步战略内容包括：到 2030 年全球海运单位运输活动的平均二氧化碳排放量与 2008 年相比至少降低 40%，争取到 2050 年降低 70%；国际海运温室气体排放量尽快达到峰值；到 2050 年，温室气体年度总排放量与 2008 年相比至少减少 50%。为实现这一减排目标，初步战略提出了相应的短期、中期和长期措施。近年来，随着可持续发展理念的不断普及，公约仍在不断被修订和补充。

（五）港口效率不断提高

1992 年，联合国贸易和发展会议在《港口的发展与改善港口的现代化管理和组织原则》的研究报告中将港口分成了三代。第一代港口是指 20 世纪 60 年代中期之前的港口，第一代港口的功能定位为水陆运输的转换地点，主要提供货物装卸、转运、储存等服务，在技术上专业化程度不够，采用传统的搬运和装卸技术。20 世纪 60 年代中期至 80 年代的第二代港口，成为运输、工业和商业服务中心，与运输、贸易业者联系密切，港口经营呈扩张趋势，在技术上呈现专业化（集装箱等专业化码头）和机械化的特点。20 世纪 80 年代之后的港口为第三代港口，除具有前两代港口的功能外，还增添了信息服务、货物配送等综合服务功能，在技术上呈现机械化和自动化的特点。

1999 年，联合国贸易和发展会议又提出了第四代港口的概念："物理空间上分离但是通过公共经营者或管理部门链接的组织。"第四代港口超越了原来的运输枢纽中心、物流中心的概念，提供更精细的作业和敏捷的柔性服务，在技术上呈现生产自动化、经营集约化、管理现代化、信息产业化、环境生态化等特点。世界上的大港如新加坡港、迪拜港正持续推进业态创新，加速建设第四代港口。

四、航空运输的初期行动

航空运输是指使用飞机、直升机及其他航空器运送人员、货物、邮件的一种运输方式。1871 年法国发明家吉法德发明了世界上第一艘飞艇（见图 2-7），普法战争中，法国人用热气球把政府官员和物资、邮件等运出被普军围困的巴黎，这标志着航空运输的诞生。1903 年，莱特兄弟制造的世界上第一架飞机"飞行者一号"迈出了人类征服天空的第一步（见图 2-8）。他们在 1903 年 12 月 17 日进行的飞行作为"第一次重于空气的航空器进行的受控的持续动力飞行"，被国际航空联合会（Fédération Aéronautique Internationale，FAI）所认可。1918 年 5 月 5 日，飞机运输首次出现，航线为纽约—华盛顿—芝加哥。同年 6 月 8 日，伦敦与巴黎之间开始有了定期邮政航班飞行。至此，随着工业的发展和科技的进步，航空运输作为一种运输方式得到普遍认可，并被广泛使用。

航空运输的发展对环境、经济、社会的可持续发展具有一定影响。航空运输是消耗石油类产品的运输，燃料的消耗会产生大量的二氧化碳。航空业产生的二氧化碳排放量是巨大的。2007 年，联合国政府间气候变化专门委员会（Intergovernmental Panel on Climate Change，IPCC）发布了第四次航空与全球气候评估报告，指出航空业的二氧化碳排放量在全球二氧化碳排放量中所占的比例大概

图 2-7　吉法德发明的世界上第一艘飞艇

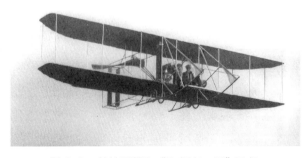

图 2-8　莱特兄弟和"飞行者一号"飞机

为 2%。该委员会预测到 2050 年，航空业的二氧化碳排放量占全球总排放量的
3%，对全球气候变化的影响将达到 6%。如果航空运输继续以 5% 甚至更高的
态势增长而不采取及时的减排措施，那么未来几十年航空业的温室气体排放可
能会成为全球气候变暖的重要推动者。除二氧化碳外，飞机发动机还排放 THC
（TOTAL HYDRO CARBONS）、CO、NOx、SOx 等污染物，在飞机起飞、爬
升、进近和滑行四个阶段的污染物排放占比分别为 13.27%、28.16%、9.81%、
48.75%，污染物总量中 THC、CO、NOx、SOx 占比分别为 3.85%、38.60%、
53.46%、4.10%。此外，航空运输还造成噪声污染，影响人体健康。那么怎么
去控制这些污染，促进航空运输的可持续发展？具体的行动有哪些？

　　在讲具体行动前，先来认识一个国际组织——国际民航组织（International
Civil Aviation Organization，ICAO）（见图 2-9），它既是世界上航空运输的主
要国际组织，也是航空运输可持续发展的主要推动者。第二次世界大战对航空
器技术发展起到了巨大的推动作用，国际上已经形成了一个包括客货运输在内
的航线网络，但考虑到航空的国际性，急需成立一个组织协商解决与航空运输
相关的政治和技术问题。因此，在美国政府的邀请下，52 个国家于 1944 年 11
月 1 日—12 月 7 日参加了在芝加哥召开的国际会议，签订了《国际民用航空公
约》（Convention on International Civil Aviation，也称为《芝加哥公约》），为
全球民用航空循序渐进、安全和有序发展提供了基本框架，这是迄今为止最重
要的有关国际航空的国际公约，为航空运输
的可持续发展提供了关键法律依据。根据该
公约成立了临时性国际民航组织（PICAO，
在交存的批准书达到法定数量后简称为
ICAO），截至 2022 年有 193 个缔约国在民航
领域中开展合作。在这个国际组织的引导下，
飞机速度越来越快，载重量越来越大，污染
排放有标准可依，有力提升了航空运输效率，
推动了航空运输的可持续发展。

图 2-9　国际民航组织标志

　　还有一个由世界各国航空公司所组成的大型国际组织——国际航空运输协
会（International Air Transport Association，IATA）（见图 2-10），它是航空行
业最大的国际组织，致力于通过合作和协调来推动航空业可持续发展。它的前

图 2-10　国际航空运输协会标志

身是 1919 年在海牙成立并在"二战"时解体的国际航空业务协会。随着航空业的迅猛发展，各个国家开始逐渐意识到需要建立起一套规范的国际航空运输体系，以促进国际航空运输业的健康发展。1945 年 4 月 16 日在哈瓦那会议上修改并通过了草案章程后，国际航空运输协会成立，总部设在加拿大的蒙特利尔，执行机构设在日内瓦。航空公司运营手册于 1965 年首次出版，是一本旨在为航空运输业提供指导和规范的手册。它通过整合各国的航空法律和规定，帮助提高国际航空公司的运营和管理水平，并将全球航空运输业标准化和规范化。截至 2021 年 7 月，国际航空运输协会共有 290 家会员航空公司，覆盖了全球 118 个国家和地区。国际航空运输协会在推动全球航空运输业发展过程中扮演了至关重要的角色，对提高航空安全、效率和推动可持续发展起到了积极的作用。

初期的航空运输可持续行动主要体现在以下几个方面：

（一）提升飞机速度

飞机速度的发展从来就不是线性的。诺姆转子发动机为飞机速度提升做出了巨大贡献。1912 年，法国人路易斯·贝什罗在单发飞机上安装了一台诺姆发动机，机身蒙皮采用光滑的木板结构，并最终在 1913 年以 200 千米 / 小时的速度赢得了当年的戈登·贝内特杯。"一战"后，兴盛的飞行大奖赛促进了技术发展。1922 年，美国陆军以柯蒂斯 R-6 飞机赢得了普利策杯，突破了 322 千米 / 小时的速度纪录。1928 年，意大利和英国将飞机速度提高到了 457 千米 / 小时。1931 年，英国利用增压和燃油的新技术将超级马林 S.6B 机型的速度提高到 644 千米 / 小时。随后欧洲的大功率发动机和美国的全金属机身结合催生了一系列经典机型，如"二战"中梅塞施米特 Me 109、超级马林"喷火"和北美航空 P-51 等，这些飞机的极速大都超过了 724 千米 / 小时。涡轮喷气发动机在飞机上的应用使飞行速度再上一个台阶，普通喷气式飞机的速度大约能达到 900 千米 / 小时，大型喷气式飞机则能达到 1000 千米 / 小时。

（二）降低飞机噪声

20 世纪 50 年代以来，飞机的高速度化和载重量的增加使飞机的噪声越来越大，超声速飞机还能引起轰声。飞机低空飞行时，在轰声产生的 N 形波影响范围内，能形成几千米带宽的飞行覆盖面。飞机噪声污染日益严重，在发达国家中已仅次于地面交通噪声污染。为解决噪声问题，航空运输开始研发低噪声的飞机。低涵道比涡轮风扇式喷气发动机不仅能有效降低噪声，还能降低油耗，由此广受欢迎，安装此发动机的代表机型有美国的波音 727、波音 737、DC-9，英国的"三叉戟"，苏联的图-154 等第二代干线飞机。飞机在达到音频速度之前也会产生很大的空气动力学噪声。此外，飞机和直升机内部的噪声与振动也很烦人，在某些情况下会非常强烈，甚至可能导致听力损害。1978 年美国开发减震方法来降噪，具体做法是将起飞推力从地面以上 300 米降低，以较小的爬升角度继续下降；当达到 250 节（460 千米 / 小时）的空速时，爬升率再次增加，以有效降低噪声。

（三）减少飞机污染排放

随着航空运输的不断增长，航空运输引起的污染问题，特别是高空大气层的污染问题引起了人们的担忧。20 世纪 70 年代，国际民航组织制定了飞机发动机的排放标准，这有助于从飞机生产的源头减少航空运输污染。在此标准的引导下，法国的空中客车公司（Airbus）设计生产了一种中短程宽体客机——空中客车 A300，其具有先进的超临界机翼、飞行控制空气动力、数字化自动飞行操纵系统等，大大改善了飞机的可靠性和污染物排放，降低了营运成本，并且为双发延程飞行铺平了道路。

20 世纪 90 年代，航空业开始探索可持续航空燃料（Sustainable Aviation Fuel，SAF），以此作为减少飞机温室气体排放的一种方式。可持续航空燃料通常是由用过的食用油和其他废弃脂肪组成，通过加氢处理将酯和脂肪酸转化为不含芳烃和硫的燃料。然而，早期可持续航空燃料的生产成本高昂，限制了其在航空领域的广泛应用。

（四）提高飞行安全

1908 年 9 月 17 日，美国陆军从莱特兄弟公司购买第一架飞机，在验收的最后一次飞行中发生严重事故。飞机起飞后因机械故障而失去控制，陆军中尉塞尔弗里奇在飞机坠地后不久死亡，飞机发明人奥维尔·莱特受重伤。事故原因是一只螺旋桨松脱，发生剧烈振动，致使飞机失去控制，这是飞行史上记录的第一起飞行事故，在此之后飞行事故继续增加。第二次世界大战，因为飞行事故美国损失的飞机达到 21000 架次之多。

最初，对机械原因导致的飞行事故，普遍采用提高飞机局部的强度设计来解决。这是一种直观的、缺乏理论指导的处置办法，它与消除导致飞机局部结构破坏的颤振等原因不发生关联，因此不能有效地防止同类事故再次发生。在此后的发展中人们逐步发现，只有针对系统失效模式、故障再现试验采取有针对性的改进措施，才能从更深层次上解决飞行事故暴露出的各类问题。每起机械原因事故调查几乎都暴露出该系统的一种失效模式，从理论上弄清楚这种失效模式，有针对性地改进系统的设计，防止这类失效再次发生，才能有效降低飞机的事故发生率。

1963 年 10 月于东京签署的国际公约——《东京公约》(Tokyo Convention)，全称为《关于在航空器内犯罪和其他某些行为的公约》(Convention on Offences and Certain Other Acts Committed on Board Aircraft)，也称为"飞机劫机公约"，它针对民用航空器的安全保护和一些不法行为做出了规定，并倡导建立一个国际合作机制。《东京公约》的签署，极大地加强了国际民航安全保障，有力打击了劫机等活动。同时，公约的框架为国际民航业的安全和可持续发展提供了重要的法律依据和政策基础，《东京公约》成为全球民航业的重要法律支柱之一。

1970 年 12 月 16 日，为打击和遏制非法劫持民用航空器的活动，在美国倡议下，各国在荷兰海牙签署了《制止非法劫持航空器的公约》，又称《海牙公约》。该公约的签署极大地促进了各国在打击劫机行动中的合作，为保障民用航空器及机组人员和乘客的安全提供了指导性原则。在公约框架下，各缔约国一起打击和遏制非法劫持民用航空器的活动，从而维护国际民航的安全和可持续发展。

1971 年，为确保国际航空运输消费者的利益，对在国际航空运输中旅客的人身伤亡、行李损失，或者运输货物的损失，在恢复性赔偿原则基础上建立公平、规范的赔偿体系。国际民航组织发布了《关于制止危害民用航空安全的非法行为的公约》，又称《蒙特利尔公约》。该公约通过国际民航组织来执行，实际上是建立在缔约国之间协作的基础上。该公约鼓励、支持各缔约国采取国际协调和合作的方式解决鸟类及野生动物对民用航空器的飞行安全威胁问题并确保公约的有效执行。

未来航空安全小组（Future Aviation Safety Team，FAST）始建于 1998 年，是欧洲商业航空安全小组中的一个工作组，其目标是通过对当前或未来影响航空系统的变化进行分析，发现未来可能出现的影响航空安全的潜在危险源，进而对这些危险源采取应对措施。未来航空安全小组是基于预测的方法来识别未来可能存在的安全风险。未来航空安全小组制定了一份影响未来航空系统的变化领域（Areas of Change，AoC）清单，该清单列出了影响全球航空安全的危险源，覆盖 11 个领域：航空器、维修、运行、机组、乘客、组织、政府、航空导航系统、机场、环境、空域。未来航空安全小组每隔两年对 AoC 清单进行评审，并密切关注航空系统和外部环境的变化，以识别新的变化领域。

（五）提高运输效率

在航空运输初步发展阶段，航空公司的路线和客源还很有限，仅仅是少数国家的航空公司之间签署航空服务协议（Air Services Agreement，ASA），并没有形成庞大的国际民航网络，更没有相关的国际航空协定或协议。随着航空运输网络的扩大，1944 年各国代表在美国芝加哥签订了《国际民用航空公约》，该公约成为现代民航制度的基础之一。公约规定了国际航空运输中的一系列标准和实践，包括民用飞机的设计、制造、运营和维护、航空器的注册和标识、操作员的资格、航空检查、通信设备、航空交通管制、飞行计划、飞行员训练、空中障碍物等。公约还规定了通过国际民航运输实现全球民用航空领域的合作化、标准化和规范化，从而促进全球航空运输的发展。公约签署后，为了促进全球航空交流和合作，各国之间开始相继签订 ASA，内容包括提供民用航空运输服务、协调运营活动、促进合作、优先使用航线和设施等。到 20 世纪 50 年代，随着航空业的飞速发展和全球化趋势的加速，ASA 签订变得更加密集，内容也更加复杂。ASA 的签署大大促进了航空运输的国际化，也为全球经济发展提供了更好的支持和保障。现在，几乎所有的国家都已经签署 ASA，形成了庞大的国际民航网络。ASA 的内容也与时俱进，适应了新时代的需求和发展，不断推动和促进着全球民用航空的健康发展。

为促进航空产品和服务的批准、贸易和投资的增长，1996 年美国联邦航空管理局（Federal Aviation Administration，FAA）提供了规范化的法律框架——双边航空安全协议（Bilateral Aviation Safety Agreements，BASA）。1997 年，欧盟签署了与美国的首份 BASA，使欧洲货运和邮件服务商有权在美国运作，并获得了相互认可的空中货运和邮件服务及其设备。2000 年，加拿大签署了与美国的第一份 BASA。该协议让加拿大货运和邮件服务商获得授权进入美国市场，进一步扩大了双方航空运输领域的协作。自此以后，美国相继与其他国家签署了 BASA，进一步扩大了国际合作和民航业务。

五、管道运输的初期行动

管道运输是指利用管道将液体或气体等物质从一个地点输送到另一个地点的运输方式。管道运输具有安全、高效、节能、环保等优点，是一种重要的现代交通运输方式。管道运输的起源可以追溯到 19 世纪中期，当时人们开始用竹制或木制的管道输送水。随着工业化发展，各国对石油和天然气的需求不断增大，油气管道运输的需求和规模也相应扩大。与此同时，管道材料和技术也在不断改进。20 世纪初出现的钢制和塑料制管道，提高了管道的强度和耐腐蚀性。20 世纪中期出现的长距离、大口径、高压力管道，扩大了管道运输的范围和能力。20 世纪末至 21 世纪初出现的智能化、信息化、网络化管道，提高了管道运输的安全性和效率。

管道一般埋藏在土壤中，管道周围的各种物质腐蚀管道，由此可能导致泄漏，从而污染环境或带来安全隐患。管道腐蚀一方面受温度的影响，包括油品在运输过程中管道自身的温度，以及管道外部环境温度的影响（管道埋藏越深受温度影响程度越大，管道腐蚀速度越快）；另一方面就是其他物质的腐蚀性，如土壤中含有大量的微量元素，其中不乏酸性物质和碱性物质，这些腐蚀性物质的存在易造成管道腐蚀。现阶段输油气管道多采用螺旋焊缝钢管、碳素钢无缝钢管以及直缝电阻焊钢管等，管道的材料多数为金属。金属管道与石油、天然气接触时，会因为相互作用发生化学反应，引起管道的锈蚀。金属管道在被腐蚀后，其金属色泽、外部形态、机械性能等都会发生巨大的变化。这不仅会影响输油管道的使用寿命，还会影响运输油品的质量。在管道锈蚀严重的情况下，还会导致油品泄漏的情况发生。

虽然管道运输对石油工业有着重要的作用，但管道运输也存在很多环境问题。石油、天然气在运输过程中会出现蒸发，这不仅会造成大量的资源浪费，带来巨大的经济损失，同时还会给环境带来污染。在管道运输过程中，任何一个环节都有可能出现石油、天然气的气化蒸发。另外，石油、天然气在运输过程中会产生有毒气体，会对人体造成伤害。

石油、天然气主要由各种烃类化合物组成，极容易发生燃烧、爆炸、静电聚集等危险情况。管道油气泄漏容易引发火灾，造成安全事故。管道运输都是在加热加压的条件下进行的，这种运作环境会增加引起危险的概率。一旦发生安全事故，给社会造成的损失是不可估量的，所以各国都采取了许多行动来促进可持续发展。

在描述具体行动前，先来认识一个与可持续发展行动相关的国际组织——国际管道和海洋承包商协会（International Pipeline and Offshore Contractors Association，IPLOCA）。（见图 2-11）国际管道和海洋承包商协会是全球最大的管道和海洋承包商协会，成立于 1966 年。该协会有近 150 家成员，会员来自全球 80 多个国家，包括管道设计公司、建造公司、供应商等。协会成员从事的管道和海洋承包工程，包括油气输送，流体处理，海洋深水平台、绞车船安装和升降，水力发电站开发，海底隧道开发等。协会致力于为成员提供一个平台，推动全球管道和海洋工业共同发展，维护世界能源安全，促进可持续发展和环境保护。

由于负责安全输气的地方、国家和国际机构对安全数据的关注度越来越高，安全相关数据的收集也变得越来越重要。1982 年，6 家欧洲天然气传输系统运营商主动收集其管道传输系统中的天然气意外释放数据。这种合作通过欧洲天然气管道事故数据组（European Gas Pipeline Incident Data Group，EGIG）（见图 2-12）的成立而正式化。欧洲天然气管道事故数据组是由欧洲 18 个主要天然气传输系统运营商组成的合作组织，是一个广泛的天然气管道事故数据库的所有者。考虑到参与者的数量、管道系统的范围和所涉及的暴露期（对大多数公司来说，从 1970 年开始），EGIG 数据库是一个宝贵和可靠的信息来源。数据库有助于管道运营商监测欧洲天然气管道的安全性能，提高其天然气管道传输系统的安全性。区域差异没有被考虑在内，所以数据库的结果呈现的是所有参与公司的平均值。在这个网站上，可以找到由输气系统运营商从其管道系统中收集的天然气管道事故信息。

图 2-11　国际管道和海 　　图 2-12　欧洲天然气管道事
洋承包商协会标志 　　　　　故数据组标志

　　为强化天然气传输对经济和能源政策的支持作用，保证天然气的可持续利用和环境友好性，欧盟 2000 年组织成立欧洲天然气管道运营商协会（European Gas Pipeline Operators，EGP），该协会在欧洲天然气供应的可靠性与安全性方面发挥着重要的作用。协会的目标是通过跨管道运营商和跨国交流的方式，改进整个管道行业的标准，以满足未来可持续能源发展的需求。作为一个行业组织协会，欧洲天然气管道运营商协会代表着欧洲主要天然气管道运营商的利益，致力于通过合作来提高整个欧洲管道系统的安全性和可靠性，并推动天然气运输和使用的可持续发展。

　　这些国际组织协同各国政府、企业采取了一些行动去减少污染，促进管道运输可持续发展，下面将从初期阶段来论述管道运输的可持续发展行动。

　　在初期，管道运输的可持续发展行动主要是建设管道基础设施，从而安全、高效地将天然气、石油、水、污水、矿物粉末等从生产现场运输到最终目的地。在此期间发生的一些具有里程碑意义的事件，为管道运输的可持续发展奠定了基础。

　　一些事故直接推动了管道运输安全措施的制订。1992 年 4 月 22 日在墨西哥瓜达拉哈拉市发生下水道大爆炸造成 252 人死亡、1470 人受伤、多人失踪，多处街道以及通信和输电线路被毁坏。事故原因是供水管道与输油管道接触，在潮湿的环境下发生了腐蚀穿孔。供水管道由镀了一层锌的铁制成，输油管道则由钢制成，在潮湿的环境下这些金属会发生反应。虽然孔的直径只有 1 厘米，但压力作用下汽油涌进了土壤里。据估计，有 60 万升汽油渗入土壤，并很快扩散到管道周围的土壤里。不仅如此，汽油通过裂缝渗透到污水下水道中，接着渗进了供水管道周围的土壤里，进入街区饮用水供应系统。

在墨西哥瓜达拉哈拉市发生下水道大爆炸后，当局对下水道进行了彻底的清理和排水。清洗下水道可以帮助减少异物，避免以后发生类似的灾难。在清理下水道的同时，当局还对管道和设备进行了彻底的检查，包括管道状况、泵站系统、调节设备、阀门等，这样可以尽早发现问题并采取相应措施以避免类似事件的再次发生。当局还针对管道堵塞、结冰等问题，采取了一系列措施。例如，使用高压水枪和疏通器对下水道进行疏通清理，清除一些难以清理的污垢和沉积物，以便管道顺畅流通。在疏通下水道的同时，也安装了一些防污染设备，如油水分离器、沉淀池和格栅过滤器等。这些设备可以帮助减少管道、下水道的污染物和废弃物产生。这起事故后，墨西哥政府将高压油气输送管道迁出了市区，在所有污水排放管道安装了监控系统，监测可燃气体浓度和毒素含量。

初期许多国家完善了地下管道检测制度，尤其加强了对污水排放管道中沼气、硫化氢、一氧化碳等可燃性或有毒气体，以及油质、水位、泥位情况的检测。许多城市开发并投入使用了城市污水排放管道安全监控预警系统，实时检测管道中的可燃和有毒气体浓度，实现对监测区域的险情预报。许多企业也制订了本企业管道事故应急预案，配备了抢险救援人员和设备，并定期进行管道事故应急救援演练。

（一）管道红外检测技术应用

随着微机电系统（Micro-Electro Mechanical System，MEMS）的发展，微型化的红外线传感器开始出现，它可以通过监测管道表面的温度变化来探测管道内液体、气体或化学物质的流动情况，并根据测量结果进行报警或控制操作。1994 年，美国菲力尔公司（FLIR Systems）发明了第一款基于热电传感器的热电红外成像仪，这款仪器具有高灵敏度、高分辨率、低功耗等特点，为后来的机载红外检测技术奠定了重要基础。机载红外检测技术是一种利用无人机携带高精度红外摄像机沿管道飞行作业的方法，它通过分析输送物质与周围土壤的细微温差判断管道是否泄漏，还能利用光谱分析检测出较小泄漏位置。因为泄漏物质会在管道内

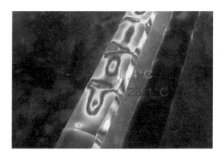

图 2-13 热像仪检测到的管道热辐射值

部扩散，从而在管道表面形成一层薄薄的膜，该膜会对周围环境的温度分布产生影响。另外，泄漏物质通常具有不同于环境的红外吸收特性，因此管道表面的红外辐射能够被用于检测管道是否存在泄漏问题。（见图 2-13）机载红外检测技术对于解决长距离管道的检测问题来说，是一个首选的、有效且相对简单的解决方案。

（二）防漏管材涂层的研发

管道防腐涂料是指将涂料均匀致密地涂敷在经除锈的金属管道表面上，使其与各种腐蚀性物质隔绝，这是管道防腐最基本的方法之一。防腐涂层可以有效地延长管道使用寿命，减少维护和更换成本，增强安全性和可靠性。现有的管材涂层主要有以下几种：

一是煤沥青涂料。它是一种常见的管道防腐涂料，主要由煤沥青、有机溶剂、填料和添加剂等组成。煤沥青是一种烃类高分子化合物，具有很好的黏合性、耐候性和耐腐蚀性。煤沥青涂料可以在管道表面形成一层防腐隔离层，防止管道表面受到水分、氧气等的侵蚀，预防管道表面产生锈蚀、腐蚀、剥落等问题，可以有效延长管道的使用寿命，同时还可以降低管道维护和更换的成本。煤沥青涂料主要用于管道、储罐、桥梁、隧道等工程的防腐保护。但是煤沥青涂料的附着力较差，易被机械损伤，同时存在老化、龟裂等问题，施工难度较大。此外，煤沥青涂料在高温环境下易软化，黏度变低，对环境污染较大。在具体应用时，施工方需要对涂料的质量进行严格把控，以确保涂料质量符合标准，使涂层既能达到防腐效果，又能满足对使用寿命的要求。

二是高分子涂层。它是一种由高分子材料制成的防腐涂料，具有优异的耐

腐蚀性和附着力，广泛应用于管道、储罐、船舶等设施的防腐保护。高分子涂层主要由高分子树脂、固化剂、添加剂和溶剂组成。高分子树脂一般为聚氨酯、环氧、丙烯酸、聚脲等材料。固化剂可以是胺类、酸酐类、酰胺类等化合物。添加剂包括颜料、填料、稀释剂等，用于改善涂层的性能。高分子涂层可以形成一层具有强度和耐腐蚀性能的保护层，并具有优异的耐水、耐油、耐酸碱、耐化学物品等性能，能够有效地防止管道的侵蚀和污染。高分子涂层还具有良好的附着力和耐磨性能，易于施工和维护，能够在宽温度范围内使用等。

三是无机无铬涂层。它通过将无机材料（如硅、铝、铍、锌等）和无铬（Ⅵ）配方进行混合制备而成。由于不含可溶性的铬，它不会对环境和人体健康造成危害。涂层呈灰色或白色，容易涂抹，干燥时间短，耐用性好。相比于传统有机防腐涂层，它的使用寿命更长、环保性更优、具有更强的耐蚀性和耐磨性。无机无铬涂层的发展可以追溯到 20 世纪 80 年代，当时美国防腐蚀工程师学会（National Association and Corrosion Engineer，NACE）提出了对铬化合物使用的限制，推动了无机无铬涂层技术的研究和应用。随着环保意识的逐渐提高，无机无铬涂层在管道运输中的应用越来越广泛，特别是在油气、水处理、石化等行业。

四是无缝防腐涂层。它采用喷涂、浸渍、轧涂、喷砂、喷丸等方式进行施工，具体的涂层材料可以是聚氨酯、环氧、聚酯、丙烯酸、氟碳等。这些材料具有不同的特性，如抗腐蚀、耐磨损、耐高温等，可根据不同的使用环境和要求进行选择，有效地防止管道内壁受到化学腐蚀和物理损伤。这种涂层可以在管道建造或运输前施工，使用过程中不会掉落、龟裂或脱落。同时，这种涂层不仅可以用于天然气和石油管道，还可以用于水和化学品等其他管道。

（三）电化学腐蚀防护技术的研发

电化学腐蚀防护技术，主要利用电化学反应原理，在管道表面覆盖一层防护涂层，使管道表面变为电极，通过电流进行防腐处理。保护层材料可以是金属、合金、非金属等多种物质，常用的有镀锌层、镀铬层、涂层、阳极保护层等。这种技术具有耐腐蚀、使用寿命长、维护简单等优点，被广泛应用于石油、天然气、化工等领域。

（四）事故响应与相关法规的制定

管道泄漏或爆炸属于严重的安全事故，一旦发生，需要立即采取应急措施来保障生命财产安全。1965 年 7 月 20 日，加拿大阿尔伯塔省埃德蒙顿市发生了一起规模较大的石油管道泄漏事故，约 140 万加仑的石油泄漏至周边地区，造成了严重的环境污染和生态损失。这次事故引起了当地居民和全社会的广泛关注。事发后，加拿大政府制定了更严格的管道安全标准，要求石油公司采取更加谨慎的操作措施确保管道的安全和可靠，建立先进的管道监控系统以便实时监测管道运行情况，及时发现问题并进行处理。后续制定的《加拿大石油天然气管道法》于 1985 年生效，旨在确保加拿大石油和天然气管道的安全和环保。该法规对石油和天然气管道的建设、运营、监管、管道事故报告和处理等方面进行了详细的规定。此外，加拿大还制定了其他相关的法规和标准，如《加拿大管道规定》《加拿大管道安全法》等，以保障管道安全。这些法规和标准对加强管道安全管理，保障公众安全和保护环境起到了重要的作用。

第三章

可持续交通的中期行动
>>>>>>>>

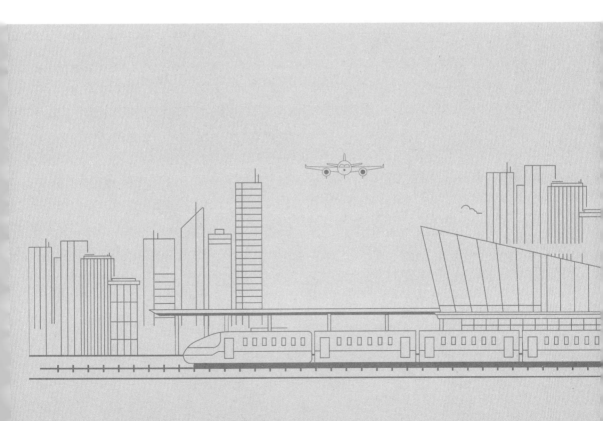

一、公路运输的中期行动

进入 21 世纪，公路运输的可持续发展越发引起关注，社会各界都付诸行动，具体行动有以下四个方面。

（一）更绿色

1. 更节约
（1）基础设施建设更加注重资源节约

首先在公路等基础设施的建设上更加集约利用资源，公路与铁路等线性基础设施的线位统筹和资源共享得到推动，工程设计和施工方案更加优化，尽量不占或少占永久基本农田，加强资源的循环利用。

比如，湖南省娄底市娄星区公路建设养护中心深入践行绿色发展理念，在公路建设养护过程中，有效利用公路大中修工程中产生的大量旧路面材料，既节约了原材料，节省了大量资金，也有利于废料处理、环境保护，避免了环境污染。该中心在 S326 大修工程施工过程中，充分考虑路面材料再生利用，将旧有混凝土路面碎石化处理，随后填补嵌缝料并经过洒水压实，用作新路面的级配碎石底基层。采取此项工艺的优点在于使路面底基层平整稳固，具有较好的透水性和整体性，能及时消除原路面的反射裂缝，同时尽可能减少新材料的投入量。在该工程底基层施工过程中，约有 2210 立方米路面混凝土被就地再生，铺筑路面底基层 2.5 千米，节约了 95 万元的材料购买和废渣处置费用。又如，中铁大桥局承建的莞（东莞）番（番禺）高速公路三期优化设计，大量采用共线双层桥结构，上层是莞番高速，中层是环莞快速，地面为镇街公路，全线比单层桥方案少占地 800 亩。

（2）共享出行

共享出行是指人们无须拥有车辆所有权，以共享和合乘方式与其他人共同使用车辆，并按照自己的出行要求支付相应使用费的一种新兴交通方式。共享出行一方面满足了消费者"求而不得"的自驾需求，另一方面避免了车辆闲置、资源无法被有效利用带来的浪费。共享出行方式包括共享单车、共享汽车等。共享出行方式多样化，能有效利用车辆闲置资源，缓解交通压力。随着数字地图服务的不断发展和优化，共享出行在中国的渗透率稳步上升，2020年达到 4.1%，2025年将升至 8.1%。

共享出行改变了人们对出行方式的选择，也改变了人们对小汽车、自行车等私人交通工具的拥有及使用行为。有 60%—70% 的共享单车使用者，原本是打算采用步行和公共交通方式的。同时，共享单车显著降低了公共交通两端的接驳时间，提高了公交出行效率。共享汽车分时租赁提高了小汽车的使用效率，单辆车利用率为私家车的 3—5 倍以上。共享汽车分时租赁有助于减少个人购车意愿，在一定程度上缓解城市私人小汽车保有量快速增长趋势以及对道路和停车资源的占用。部分消费者因使用分时租赁而出售或放弃购买车辆，1辆分时租赁汽车可减少 4—13 辆小汽车的增量。另外，当城市面临突发公共卫生事件时，共享出行方式因其非人群集聚性而发挥重要作用。如在 2020 年全社会复工复产阶段，美团、哈啰和青桔 3 家共享单车平台数据统计显示，选择使用共享单车来满足必要出行的市民人数显著增长。用户骑行时长、骑行距离也显著增加，平均单次骑行时间均超过 10 分钟，长距离骑行订单（3 千米以上）占比较往年同期明显提升。

（3）立体停车

立体停车是指利用空间资源，立体停放车辆，从而最大化利用土地的停车方式。立体停车的出现与汽车的三次工业革命息息相关，最早的立体停车场出现在欧洲第二次汽车工业革命时期。立体停车最大的优势就在于其能够充分利用城市空间。根据资料统计，传统停车场停 50 辆车需要 1650 平方米，而采用露天电梯塔式立体停车只需 50 平方米。也就是说，可以达到每平方米即停放 1辆小车。从工程造价方面来比较，同样以 50 个车位计算，传统停车场建设需约 750 万元，立体停车场建设造价仅为 400 万元。同传统停车场相比，立体停车场采用先进的机械设备自动存放车辆。车辆一进车库就熄火，减少了车辆在停车场内的行走距离和尾气排放，十分环保节能。（见图 3-1）

深圳奇见科技公司在大浪商业中心的零散空地上灵活部署 136 个垂直循环

图 3-1　蜂窝式立体停车场

式智能立体车库，增加 1632 个泊车位，平均每个车位占地面积约 3.63 平方米。截至 2021 年 12 月，该项目已交付使用 83 个立体车库、约 1000 个车位。这款垂直循环式智能立体车库配备了超级传感器和智能算法平台，提供更高安全等级的立体车位。车主在手机应用程序上成功预约停车后，把车开到车库门前，车库智能系统能够识别车牌号自动开门。车主将车辆驶入载车台停稳，离开车库后按下"完成停车"按钮即可，整个泊车过程仅约 90 秒。取车的操作同样简单、快捷，在手机上完成取车缴费后，再到车库智能系统前展示二维码（QR Code），车库会自动将对应的车辆从上空转到地面上，最长等待时间仅需 2 分钟。此外，这个立体车库还可以装配无人值守智能后台系统，实时监控车库状态，帮助管理者实时调整营运策略。

在国内外多数城市均已寸土寸金的情况下，交通压力正逐步从动态向静态转化，"停车难"已成为城市发展的一个公共性难题。可全国已建成的立体停车位才 3 万多个。因此，立体停车场将有广阔的市场前景。

2. 更环保

（1）公路设计与建设中的环保措施

绿色公路是指在城市交通堵塞和环境污染等问题日趋严重的情况下，由城市管理者设计开发出来的一种新的环保公路。建设绿色公路的主要目的是消除市区中心的高速公路，以绿色公路、林荫大道、自行车道甚至是河流取而代之，把安逸舒适的生活社区环境重新带到人们身边。绿色公路建设强调生态保护修复，公路选线生态优化，在建设过程中依法依规避让各类生态保护区域、环境敏感区域，实在难以避让的则以地下或空中穿（跨）越等低影响方式通过，并注重原生动植物保护、湿地连通、创面生态修复和动物通道建设；强化水环境和噪声污染防治，尽可能地避免占用河湖空间，避开饮用水水源保护区或采用"封闭式"排水和水处理系统穿越；强化公路施工期和运营期服务区污水处理，有条件的就纳入城市污水管网，在重点路段设置声屏障或采取其他降低噪声的有效措施。公路建设中的生态环保在四川已开展多年，公路生态修复经历了三个阶段的发展。第一阶段是绿化美化，以早期的成雅高速为代表，当时的设计总体思路是适时、适地利用自然地貌结合人工辅助造景营建绿色走廊，实现公路建设、使用和养护的可持续发展。第二阶段是植被恢复，以成南高速公路为代表，以"生态防护第一、景观第二"为原则，尊重生态系统和植物的自然规律，恢复破坏的自然植被，充分发挥植物的生态防护功能。第三阶段是生态优先，以现在正在开展的久马高速、新川九路为代表，将公路工程作为一个完整的生态系统进行统筹考虑，将生态贯穿公路规划、建设、运营的全过程，注重公路生态系统单元良好的自我修复，并以维系其自身稳定性和可持续性为目标。

美国在高速公路设计中比较注重环境保护，公路的线形、纵坡设计与周边地形、地貌结合得较好，尽量避免高填深挖，以减少对原地形、地貌的影响。路基的横断面布置非常灵活，根据地形采用整体式或分离式，力求高速公路与环境相协调，不过分追求公路线形，减少对自然环境的破坏。高速公路边坡很缓，边坡防护大多为植树和种草，以免水土流失。高速公路建设比较务实，高速公路上大多看不到中央绿化带，中央隔离带均为水泥墩，或者仅仅是砂石路面，很少设置路缘石。高速公路在许多地段都未封闭，不设道外的铁丝围栏。美国高速公路极少像我国高速公路设有大型龙门架、悬臂架之类的标志结构，多采用简易的独柱结构，而且独柱很多都使用了木材，从而降低了公路造价，节约了大量的土石、金属等资源。

（2）绿色出行

绿色出行是指采用对环境影响较小的出行方式，既节约能源、提高能效、减少污染，又益于健康、兼顾效率。乘坐公共汽车、地铁等公共交通工具，选择共享出行、环保驾车或者步行、骑自行车等都是绿色出行。经过多方面宣传，绿色出行意识已经逐渐深入人心。绿色出行是社会可持续发展的重要举措，许多城市响应绿色低碳出行，如北京、天津、武汉、成都等都在碳普惠的基础上构建了完善的城市交通体系，提高绿色出行的分担率。绿色出行具有低污染、高效率的特点。在深圳、北京、纽约和香港，地铁、出租车和公共汽车等公共交通方式成为最重要的出行方式。

（二）更安全

安全主要从技术方面入手，分为主动安全技术和被动安全技术。

1. 主动安全技术开发

（1）车辆自动驾驶系统

自动驾驶系统采用先进的通信、计算机、网络和控制技术，对车辆实现实时、连续控制。铁路列车的自动驾驶系统最为成熟，能够完全自动化、高度集中控制列车运行。采用现代通信手段，可实现车地间的双向数据通信，传输速率快，信息量大，控制中心可以及时获知行驶车辆的确切位置，使运行管理更加灵活、有效，更加适应列车自动驾驶的需求。自动驾驶系统具备列车自动唤醒启动和休眠、自动出入停车场、自动清洗、自动行驶、自动停车、自动开关车门、故障自动恢复等功能，并具有常规运行、降级运行、运行中断等多种运行模式。实现全自动运营可以节省能源，优化系统能耗，合理匹配速度。

汽车的自动驾驶技术正处于发展阶段。2022 年 12 月，国内首个低速自动驾驶系统性能测试认证的颁证仪式在北京经济技术开发区举行。汽车自动驾驶的关键技术包括环境感知、逻辑推理和决策、运动控制等。随着机器视觉、模式识别软件和光达系统的发展，汽车的自动驾驶技术也快速发展，但现阶段还存在一些关键技术问题有待解决，如车辆间的通信协议规范、共享车道设置、软件开发平台构建、多种传感器之间信息融合以及视觉算法对环境的适应性等。包括中国在内，许多国家早已开始汽车自动驾驶方面的行动。

自动驾驶汽车公司 Cruise 于 2016 年被通用汽车公司收购，并获得软银愿景基金和本田的投资，设定了到 2019 年底实现自动驾驶出租车商业化的目标。2021 年 6 月，Cruise 获得了加利福尼亚州的自动驾驶出租车服务许可证，计划从 2023 年开始在迪拜运营自动驾驶出租车。

2017 年美国主要汽车制造商福特向开发自动驾驶的初创公司 Argo AI 投入了巨额资金，共同开发自动驾驶技术。Argo AI 于 2019 年获得了德国大众汽车集团的投资，3 家公司共同促进自动驾驶发展。2021 年，Argo AI 宣布计划与美国主要网约车服务公司 Lyft 合作，从 2021 年底推出用于拼车的自动驾驶汽车。

2018 年 12 月谷歌旗下的自动驾驶开发公司 Waymo 在亚利桑那州凤凰城推出了自动驾驶出租车付费商业服务"Waymo One"。最初该服务仅提供给有限数量的用户并配备安全驾驶员，但随着目标的逐渐扩大，到 2019 年底 Waymo 又推出了服务演示体验和自动驾驶服务。此外，Waymo 还致力于在物流领域引进自动驾驶技术，与德国戴姆勒卡车合作，加快自动驾驶卡车"Waymo Via"的商业化进程。

中国国产自动驾驶汽车主要有蔚来 ES8、威马 W6 等。其中蔚来 ES8 具备丰富的传感器，包括激光雷达、摄像头、毫米波雷达、超声波雷达、组合导航系统等，在自动驾驶车型中表现突出。

除私家车外，自动驾驶在出租车、载货车辆、智能配送以及智能清扫作业等其他场景的应用也在逐步普及。上海市交通委员会向锦江、大众出租、赛可智能、赛可出行等 6 家出行服务企业颁发了首批示范运营证，这 6 家企业旗下共有 20 辆车获得示范运营证。这些车辆在配备安全员后可以在嘉定区和临港新片区总共 1500 多千米的开放测试道路上面向社会接单运营。

（2）疲劳驾驶警报系统

疲劳驾驶预警系统是一种专门用于监测驾驶员生理反应特征，并预测驾驶员疲劳状态的先进系统及产品，如美国 Attention Technologies 公司推出的DD850、瑞典 SmartEye 公司推出的 AntiSleep 系统。奔驰、沃尔沃的高端车系以及日本丰田公司在日本销售的第 13 代皇冠车系也都配有瞌睡报警系统。较为成熟的疲劳驾驶警报系统一般由疲劳识别系统、注意力辅助系统、驾驶员安全警告系统三部分组成。

疲劳识别系统自驾驶开始便对驾驶员的操作行为进行记录，并能够通过分析长途旅行中驾驶操作的变化来对驾驶员的疲劳程度进行判断。不仅如此，系统还会根据驾驶员动作习惯等因素，对驾驶员的疲劳程度进行计算和鉴别，如果计算结果超过阈值，仪表盘上就会闪烁一个特定图案，提醒驾驶员休息。注意力辅助系统持续监测驾驶员的行车方式，利用车辆上的传感器来检测纵向和横向加速度，同时结合方向盘、踏板传感器的数据来感知驾驶员是否正在疲劳驾驶。驾驶员安全警告系统在车辆驶入那些容易使司机进入放松状态的笔直、平坦的道路，或容易使司机分神和打盹的环境时会被激活。驾驶员安全警告系统由一个摄像头、若干传感器和一个控制单元组成。该系统通过数据监测，将驾驶行为与正常驾驶风格进行对比、评估，当评估的结果是高风险时，就用声音信号向司机发出警示。

疲劳预警系统的主要装置是摄像头和乘客监控系统，2022 年上半年我国DMS（Driver Monitoring System，驾驶员监控系统）摄像头安装量为 38.4 万个，同比增长 141.8%；我国 DMS ＋ OMS（Occupancy Monitoring System，乘客监控系统）装配量为 25.9 万套，同比增长 130.1%，装配率为 1.8%。DMS ＋ OMS装配量前三的车型分别为传祺 GS8、蔚来 ES6 和 AION Y。同时搭载 DMS 和

OMS 的代表车型包括问界 M5、上汽大通 MIFA 9、捷途 X70、哪吒 U、蔚来 ET7、长安 UNI-K、理想 L9、岚图 FREE、长安欧尚 Z6、哈弗神兽等。在车上实现 DMS 和 OMS 功能通常需要两个摄像头，使用单个广角摄像头来同时完成 DMS 和 OMS 功能是未来的研发方向。

（3）车联网

车联网的概念源于物联网，即车辆物联网，是以行驶中的车辆为信息感知对象，借助新一代信息通信技术，实现车与车、人、路、服务平台之间的网络连接，从而提升车辆整体的智能驾驶水平，为用户提供安全、舒适、智能、高效的驾驶感受与交通服务。不仅如此，车联网还能提高交通运行效率，提升社会交通服务的智能化水平。车联网通过新一代信息通信技术，将车内网、车际网和车载移动互联网进行融合。

车联网由车辆、车载系统、车辆标识系统、路边设备系统、信息通信网络系统组成。车联网主要应用射频识别技术、传感网络技术、卫星定位技术、无线通信技术、大数据分析技术。车与车之间的通信是指车辆之间实现信息交流和信息共享，包括车辆位置、行驶速度等车辆状态信息，这些信息可用于判断道路车流状况。车与人之间的通信是指用户可以通过 Wi-Fi、蓝牙、蜂窝等无线通信手段与车辆进行信息沟通，使用户能借助相应的移动终端设备实时监测并控制车辆。车与路之间的通信是指借助地面道路固定通信设施实现车辆与道路间的信息交流，此种通信用于监测道路路面状况，引导车辆选择最佳行驶路径。车内设备之间的通信是指车辆内部各设备间的信息数据传输，主要用于对设备状态进行实时监测与运行控制，建立数字化的车内控制系统。车与云平台之间的通信是指车辆通过卫星无线通信或移动蜂窝等无线通信技术实现与车联网服务平台的信息传输，接受平台下达的控制指令，实时共享车辆数据。

关于车联网方面的实际进展，百度地图与宝马合作推出 BMW 互联驾驶，整合汽车通信、周边兴趣点（Point of Interest，POI）搜索等能力，为车主带来更为丰富的车联网服务体验。宝马借助百度地图手机客户端和 PC 端亿万级别的入口，在用户搜索 POI 信息时，可将 POI 信息通过双通信通道直接发送到宝马汽车上，车主接收到 POI 信息后可将其作为导航目的地。加油站、汽车服务店、酒店、银行、商场、餐饮等位置信息都能够直观展示，使车主能够避免信息孤岛，享受互联驾驶带来的智慧用车生活。

无锡在车联网发展的基础上，进一步扩大 C-V2X 覆盖范围，不断拓展新的应用场景。LTE-V2X 车联网城市级应用项目由无锡移动、智汇交通联合打造，它将单车自动驾驶和车路协同技术相结合，将车侧、路侧的感知数据相结合，实现全量、全要素、全天候感知，生成基于全息感知的三维交通动态地图。该项目利用 5G 无线组网、移动边缘计算（MEC）、切片技术实现感知数据、三维交通动态地图、红绿灯系统等数据的实时上传、计算、下发，从而实现车路协同赋能单车自动驾驶。LTE-V2X 车联网城市级应用项目以太湖国际博览中心门口为起点，沿和风路至立信大道，全程 1.5 千米，已在 2021 年 9 月世界物联网博览会前完成施工，提供自动驾驶测试服务。奥迪、上汽两家企业曾在此开展自动驾驶测试。

（4）自动泊车辅助系统

据统计，由倒车、泊车所造成的交通事故在中国约占 30%，美国约占 20%，为应对这一安全挑战，倒车辅助系统应运而生。现有的倒车辅助系统可分为两类：一类是传统手动倒车辅助系统，另一类是自动泊车辅助系统。传统手动倒车辅助系统以倒车雷达为代表，通过发出警示声音或展现可视化的后部情况来提醒车主车后情况，使其主动闪避，以减少事故伤害。比如，大众途观倒车辅助系统在汽车驻车或者倒车时，倒车雷达能以声音或者更为直观的形式告知驾驶员周围障碍物的情况，解除驾驶员驻车、倒车和启动车辆时前后左右探视所引起的困扰，并帮助驾驶员扫除视野死角和视线模糊的缺陷。90% 的使用者依照倒车影像及雷达声音提示基本能完成倒车泊位。

自动泊车辅助系统是智能倒车系统，驾驶员确定倒车后换倒挡，稍稍松开刹车，然后车上的计算机系统将接管方向盘实现倒车。计算机系统通过动力转向系统转动车轮，将汽车完全倒入停车位。智能倒车系统能够解决驾驶员技术受限、空间过于狭小等问题。大众公司的第三代自动泊车辅助系统 2.0，可以帮助车辆进入更狭窄的平行泊车位，除新增垂直泊车功能外，还为平行泊车增添了许多新的功能。阿维塔 11 搭载的 AVATRUST 超感系统通过 34 个智驾传感器（由 13 个摄像头、3 个激光雷达、6 个毫米波雷达、12 个超声波雷达组成）构建起 4 层独立的感知防护体系，其智能泊车辅助系统包含了自动泊车辅助功能（APA）、遥控泊车（RPA）和代客泊车（AVP）三大功能。

（5）制动防抱死系统

制动防抱死系统（Anti lock Braking System，ABS）的主要作用是在汽车制动时，自动控制制动器制动力的大小，使车轮不被抱死，处于边滚边滑（滑移率在20%左右）的状态，以保证车轮与地面的附着力在最大值。在制动时，ABS根据每个车轮速度传感器传来的速度信号，可迅速判断出车轮的抱死状态，紧急刹车时ABS相当于不停地刹车、放松，类似于机械的"点刹"。因此，ABS能避免在紧急刹车时方向失控及车轮侧滑，确保车轮在刹车时不被锁死。ABS可以防止轮胎在一个点上与地面摩擦，它通过加大摩擦力，使刹车效率达到90%以上。此外，ABS还能减少刹车消耗，延长刹车使用寿命。装有ABS的车辆在干柏油路、雨天、雪天等路面防滑性能分别达到80%—90%，10%—30%，15%—20%。ABS应用逐渐成熟，在北美和西欧，ABS用于轻型卡车的比重已经达到90%以上。

（6）电子制动力分配系统

电子制动力分配系统（Electronic Brake Force Distribution System，EBD）是ABS的一个附加作用系统，可以提高ABS的效用，共同提高行车安全。EBD的工作原理是用高速计算机在汽车制动的瞬间，分别对四只轮胎附着的不同地面进行感应和计算，得出不同的摩擦力数值，使四只轮胎的制动装置根据不同的情况用不同的方式和力量制动，并在运动中不断调整，使制动力与摩擦力相匹配，从而保证车辆的平稳。在紧急刹车车轮抱死的情况下，EBD在ABS启动之前就已经平衡了每一个轮的有效地面抓地力，可以防止出现甩尾和侧移，并缩短汽车制动距离。EBD能够根据汽车制动时轴荷转移的不同，而自动调节前、后轴的制动力分配比例，并配合ABS提高制动稳定性。即使车载ABS失效，EBD也能保证车辆不会出现因甩尾而导致翻车等恶性事件的发生。

2. 被动安全技术开发

被动安全技术是指事故发生后采取的技术措施，旨在通过技术来减轻伤害，并防止二次事故的发生。比如说安全带、安全气囊就是典型的被动安全技术。除这些外，近年来发展的被动安全技术还有以下几种：

（1）吸能式车身

能量吸收是现代汽车设计的重要概念之一，即采用非刚性的材料来做撞击部位，设置塌陷区，以充分吸收撞击能量，从而保护被撞击的乘客和行人。吸能式车身主要从两方面保护人身安全：一是通过溃缩吸能设计对乘车人及驾驶员进行保护，即在发生碰撞时用产生的动能变形来吸收碰撞时的冲击力。二是采用塑料及带有内衬海绵的保险杠和弹性较好的前机舱盖，来降低碰撞对行人的伤害。

2020 年 5 月，逸动 PLUS 安全碰撞试验在重庆长安汽车安全碰撞实验室成功进行。此次逸动 PLUS 进行了 50 千米 / 小时的正面 100% 重叠刚性壁障碰撞试验。测试过程中，车辆以 50 千米 / 小时的速度撞上一面不会变形的钢性墙，其碰撞强度相当于 80 千米 / 小时的实际道路交通事故碰撞。从碰撞试验结果来看，逸动 PLUS 在经受正面撞击后，其前防撞梁和纵梁前端的吸能盒会压溃变形，同时，纵梁后部也会折弯，由此尽可能吸收碰撞能量。同时，车辆的 A 柱、B 柱及门槛没有明显变形，车内假人生存空间依旧保持完整。

蔚来 ES8 是一款纯电动汽车，属于中大型 SUV，整备质量 2460 千克，采用全铝车身，结构非常简单。在车身结构设计方面，蔚来 ES8 充分考虑到了各种碰撞场景下的车身安全，对冲击力的传递路径做了合理规划。前碰发生时，嵌入式的铝合金前防撞梁是第一道防护，之后碰撞力将通过铝材挤出成形的吸能盒以及前纵梁向后传递，由扭力盒（Torque box）防护枢纽进行分流，进而通过门槛梁、A 柱继续向后传递而保障乘员舱及电池仓的不变形。

理想 ONE 有针对性地在车头造型和结构上进行了诸多缓冲设计，如吸能式发动机罩、吸能式前保险杠、行人保护吸能支架、可压溃式雨刮等，这些都是为了在发生碰撞时能提供充分的缓冲和吸能，保护行人安全。

（2）转向柱能量吸收装置

转向柱能量吸收装置（见图 3-2）用于防止在碰撞事故中驾驶员的胸部撞到转向盘而造成伤害。采用此装置，当撞击力达到预设值，方向盘将向下溃缩，让出一定的空间，从而减轻了对驾驶员胸部的伤害。此外，如果有撞击力从下向上作用在转向柱上，转向柱将从中间断开，从而避免转向柱上移而伤害到驾驶员。2005 年福特汽车公司制造出一种转向柱，它可以依据一些标准变换吸附等级，比如是否使

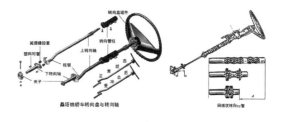

图 3-2　转向柱能量吸收装置

用了安全带、乘员的重量和撞击的严重程度等。2006 年道奇 Charger 车型使用的转向柱有一个装置，可以让转向柱移离驾驶员以在撞击中吸附更多的能量。

（3）儿童安全座椅

汽车儿童安全座椅，也称儿童约束系统（Child Restraint System，CRS），是一种专为不同年龄（或体重）儿童设计、安装在汽车内、能有效提高儿童乘车安全性的座椅。世界卫生组织公布的数据显示：0—4 岁孩子使用不同类型的儿童安全座椅，受伤害的风险会降低 50%—80%；5—9 岁孩子使用儿童安全座椅，受伤害的概率会降低 52%。儿童安全防护系统由带有卡扣的安全带组件或柔韧性部件、调节机构、附件等组成，可与附加装置如可携式童床、婴儿提篮、辅助性座椅或碰撞防护物等组合使用。

汽车儿童安全座椅在前向碰撞或紧急刹车时，能有效阻止儿童身体向前急速运动，避免二次碰撞。侧向碰撞时，靠背侧翼和头枕侧翼能有效保护儿童的躯干和头部。后向碰撞时，靠背和头枕能承托住儿童的躯干和头部，避免儿童颈部损伤。侧翻时，儿童身体及约束系统只有少许移位，绝对不松脱。儿童睡觉时，座椅侧翼能保证儿童身体不会严重歪斜，以免碰撞时受到伤害。

（三）更低碳

交通是碳排放的重要来源之一，交通行业非常有责任和义务支持碳减排来促进可持续发展。

1. 低碳基础设施

（1）零碳服务区

2022 年 6 月，山东高速集团在济南组织召开"济南东零碳服务区试点项目建设成果评价会"，专家组一致认为济南东服务区是国内首个实现自我中和的"零碳服务区"。济南东服务区每年可减少碳排放量 3400 吨以上，远超当前年均 2000 吨的排放水平，对推动交通领域实现碳达峰、碳中和具有重要的示范引领意义。济南东服务区通过打造可再生能源利用系统、零碳智慧管控系统、污废资源化处理系统、林业碳汇提升系统等四大系统工程，已实现"零碳"运营，并具备可持续碳中和的能力。济南东服务区充分利用高速公路边坡、停车场和屋顶等区域，建成了总装机容量 3.2 兆瓦的光伏电站，配套 3.2 兆瓦储能设备，其装机容量和储能规模是当时全国同类服务区建设项目之最。济南东服务区实现了日均发电量 10000 千瓦时以上，远超日均用电量 6000 千瓦时，年节约标准煤 1200 吨，实现了服务区 100%"绿电"供应。零碳智慧管控系统涵盖了光伏、储能、微网、照明、暖通空调和污水处理等所有间接碳排放源数据互通和集中管理，对整体能源流动进行实时监测、分析和智慧管控，确保服务区内用户的舒适感及服务区可持续碳中和目标的稳定实现。污废资源化处理系统涵盖污水处理水质闭环控制系统、地埋式生物处理系统、水质应急系统，应用了水量、水质应急处理工艺技术，解决了服务区用水高峰低谷波动大、污水温室气体逸散大等难题，中水 100% 回收利用。林业碳汇提升系统通过种植 19000 余平方米竹林、乔木等绿植，使服务区绿化覆盖率达到 33% 以上，提高服务区绿化固碳能力和生态功能。

嘉绍大桥服务区是浙江省首个零碳高速公路服务区。该服务区建设光伏、风能装机容量合计 2000 千瓦，年发电量约 200 万千瓦时，可实现全年用电自给自足。服务区还有"光储充"一体化车棚，光伏绿电直接供应充电桩，将多余电量储存于储能系统中。在发电效率低时，优先使用储能电供应充电桩充电，实现绿电的最大化利用。服务区设有 57 个充电桩车位，完全能够满足新能源电动汽车的充电需求，大大提升新能源车主的高速公路出行体验。基于零碳高速公路服务区建设管理需求，卓越公司配套研发了数字化管理系统，实现服务区产能（发电）、耗能（用电）的实时监测与统计，利用云计算平台实现对光伏与风能发电流向的最佳决策，实现"源荷互动"。此系统能够整合道路监控、客流量分析等功能，计算服务区碳排放指标，形成"能控＋路控"的综合性数字化智慧化管理。

（2）公用充电桩

公用充电桩是指为电动汽车提供能量补充的充电装置，其功能类似于加油站里面的加油机，可以固定在地面或墙壁，安装于公共建筑（公共楼宇、商场、公共停车场等）和居民小区停车场或充电站内，可以根据不同的电压等级为各种型号的电动汽车充电。充电桩的输入端与交流电网直接连接，输出端都装有充电插头用于为电动汽车充电。充电桩一般提供常规充电和快速充电两种充电方式。人们可以使用特定的充电卡在充电桩的人机交互操作界面上刷卡使用，进行相应的充电操作和费用数据打印。充电桩显示屏能显示充电量、费用、充电时间等数据。

2006 年，比亚迪在深圳总部建成深圳首个电动汽车充电站。2008 年北京奥运会期间建设的国内第一个集中式充电站，可满足 50 辆纯电动大巴车的动力电池充电需求。2010 年 3 月，国家电网的唐山南湖充电站建成投入运营，可同时为 10 辆电动汽车提供快充或慢充服务。2020 年 4 月 14 日，国家电网启动了首批 126 个充电桩项目，2020 年全年安排充电桩项目投资 27 亿元，分布在北京、天津、河北等 24 个省（市），涵盖公共、专用、物流、环卫、社区以及港口岸电等多种类型。其中居住区充电桩 5.3 万个，公共充电桩 1.8 万个，专用充电桩 0.7 万个，这些充电桩的建设有助于解决居民区充电难、平台互联互通不足等问题。2021 年 3 月，中国电动汽车充电基础设施促进联盟成员单位总计上报公共类充电桩约 85.1 万个，其中直流充电桩 35.5 万个、交流充电桩 49.5 万个、交直流一体充电桩 481 个。

2022 年 4 月，交通运输部公路局副局长周荣峰介绍，全国已有 3102 个高速公路服务区建设了充换电基础设施，共建成充电桩约 13374 个。2023 年，中国电动汽车充电基础设施促进联盟成员单位上报的公共充电桩总数为 262.6 万个，其中直流充电桩数量为 114.08 万个、交流充电桩数量为 147.7 万个。

（3）公路电网基础设施

为加快健全完善公路沿线充电基础设施，2018 年 2 月，国网电动汽车服务有限公司宣布建成以"九纵九横两环"高速公路为骨干网架的高速公路快充网络，为用户提供高速公路上的直流快充服务。随着国家电网大力推进高速公路充电设施建设，截至 2020 年，国家电网经营区域内已建成"十横十纵两环"高速公路快充网络，覆盖高速公路近 5 万千米。

2020 年"十一"黄金周期间，国家电网经营区共计为新能源汽车提供充电服务 158.15 万次，完成充换电量 3688.8 万千瓦时，比上一年同期增长 44.98%。其中，高速公路充电 32.45 万次、充电电量 494.69 万千瓦时。2021 年 10 月 1—3 日，国家电网充换电服务网络总充电量同比增长 59%，其中高速公路充电设施充电量同比增长 56.52%，10 月 1 日高速公路充电设施充电量达到 142.92 万千瓦时，创历史新高。

2022 年交通运输部、国家能源局、国家电网、中国南方电网印发了《加快推进公路沿线充电基础设施建设行动方案》，指出健全完善工作机制，充分调动各方力量，加快推进公路沿线充电基础设施建设，力争到 2025 年前，实现高速公路和普通国省干线公路服务区（站）充电基础设施加密优化，农村公路沿线有效覆盖，基本形成"固定设施为主体，移动设施为补充，重要节点全覆盖，运行维护服务好，群众出行有保障"的公路沿线充电基础设施网络，更好地满足公众高品质、多样化出行服务需求。

（4）车辆加气站

车辆加气站是指通过售气机给天然气汽车补充天然气的场所。车辆加气站又分为压缩天然气加气站（CNG 加气站）、液化天然气加气站（LNG 加气站）和压缩液化天然气合建站（L-CNG 加气站）。

截至 2018 年 6 月，全球有 31046 个车辆加气站。截至 2019 年 7 月底，亚太地区车辆加气站数量为 19606 个，拉丁美洲车辆加气站数量为 5789 个，欧洲车辆加气站数量为 5116 个，非洲车辆加气站数量为 210 个，北美车辆加气站数量为 1856 个。2018 年底，我国车辆加气站保有量在 9000 个左右，其中 CNG 加气站 5600 个、LNG 加气站 3400 个。

（5）车辆加氢站

作为给燃料电池汽车提供氢气的基础设施，加氢站的数量也在不断增长。许多国家和企业都对氢能技术给予高度重视，成立了各种国际性和地区性组织，如国际氢能经济合作组织（IPHE）、加州燃料电池合作组织（CaFCP）、日本氢能 & 燃料电池实证示范工程（JHFC）、欧洲清洁城市运输计划（CUTE）等。这些组织及一些民间力量在各地建立了许多加氢站，大大推进了加氢站的发展。2023 年 3 月，欧洲议会和成员国达成一项协议，提出至少每 200 千米设置一个加氢站。

根据中国氢能联盟提供的数据，截至 2021 年底，全球运行的加氢站达到 659 个。2022 年的国家能源局数据显示，中国在氢能加注方面获得新突破。2022 年 6 月底，中国已建成加氢站超过 270 个。截至 2023 年 4 月，中国已建成加氢站超过 350 个，约占全球总数的 40%，位居世界第一。

2. 低碳运输工具

（1）混合动力汽车

混合动力汽车是指同时装备两种动力来源——热动力源（传统的汽油机或者柴油机）与电动力源（电池或者电动机）的汽车。通过安装电动机，混合动力汽车的动力系统可以按照整车的实际运行状况进行灵活调控，使发动机一直在综合性能最佳的区域内工作，从而降低油耗与排放。

混合动力汽车的动力系统主要由控制系统、驱动系统、辅助动力系统和电池组等构成。在车辆行驶之初，电池组处于电量饱满状态，其能量输出可以满足车辆要求，辅助动力系统不需要工作。当电池电量低于 60% 时，辅助动力系统启动。当车辆能量需求较大时，辅助动力系统与电池组同时为驱动系统提供能量。当车辆能量需求较小时，辅助动力系统在为驱动系统提供能量的同时，还能给电池组充电。电池组的存在，使发动机处在一个相对稳定的工作状态，由此，汽车的能耗和排放情况得到改善。

混合动力汽车生产厂家主要有比亚迪、丰田、本田、雷克萨斯、吉利、哈弗、WEY、长安、大众、奇瑞等。2020 年上半年全球混合动力汽车销量达到 176 万辆，丰田占据全球销量的 42%，在销量前 10 名的车型中占据了 7 席。2023 年 1—3 月，全球新能源汽车销量 255 万辆，其中插电式混合动力汽车占 30%。中国市场占销售额的 59%。2023 年 4 月，比亚迪销售了 105103 辆插电式混合动力汽车，1—4 月累计销售 388373 辆，同比增长 104.85%。在纯电车续航问题未解决之前，插电式混合动力汽车依旧是新能源汽车市场的销量担当，如理想汽车的插电式混合动力汽车销量远高于同期创业的蔚来、小鹏等。

我国混合动力汽车市场主要集中在华东地区、华北地区和华中地区，以上三个地区的混合动力汽车占到了全国的 65.1%，特别是华东地区的混合动力汽车占到全国的 27.3%，其中安徽、浙江、福建省政府纷纷出台对混合动力汽车的补贴政策，促进了华东地区混合动力汽车的发展；华中地区和华南地区混合动力汽车分别占到全国的 22.9% 和 14.9%。

（2）电动汽车

电动汽车是指以车载电源为动力，用电机驱动车轮行驶，并符合道路交通安全法规各项要求的车辆。纯电动汽车与燃油汽车的主要差别在驱动电机、调速控制器、动力电池和车载充电器。电动汽车的品质差异也主要取决于这四大部件。电动汽车时速快慢和启动速度取决于驱动电机的功率和性能，其续行里程的长短取决于动力电池容量的大小。不同材料的动力电池如铅酸、锌碳、锂电池等，它们的体积、比重、功率、能量、循环寿命各异。电动汽车优点在于节能减排、保护环境，缺点在于动力电池单位重量储存的能量少，电池更换成本较高。电动汽车技术尚未成熟，充电技术、续航里程、可靠性等方面仍需要改进，报废电池的处理和电网系统的优化亦待解决。

2021 年全球共销售 675 万辆插电电动汽车（包含乘用车 / 轿车、轻型卡车、商用车），同比增长 108%。2021 年，纯电动汽车销售占压倒性优势，占电动汽车销量的 71%，中欧两大绝对市场占全球电动车市场销量的 85%。全球电动车普及率从 2020 年的 4.2% 增至 2021 年的 8.3%。

根据中国汽车工业协会的数据，2021 年中国电动汽车销量达 291 万辆，是 2020 年的 2.6 倍。从品牌来看，特斯拉遥遥领先其他对手。2021 年电动车销量前 10 名的车型，第一是特斯拉 Model3，销量为 50.1 万辆。通用五菱宏光 MiniEV 以 42.4 万辆的数据排名第二。特斯拉 ModelY 以仅 1.3 万辆的差距位于五菱宏光 MiniEV 之后，销量为 41.1 万辆。第四名是大众 ID.4/X/Crozz，销量为 12.2 万辆。第五至第十依次分别为比亚迪秦 Plus 混动、理想 One 增程式、比亚迪汉 EV、比亚迪宋 Pro 混动、雷诺（Renault）Zoe、长安 Benni 纯电动。

（3）氢能汽车

氢能汽车是以内燃机燃烧氢气而产生动力的。使用氢能源的最大好处是它跟空气中的氧反应，仅产生水蒸气排出，有效减少了传统汽油车造成的空气污染问题。氢能汽车的发展面临三个较大问题。首先，氢是气体，密度很低，所占空间大，即使燃料以液态形式储存在低温瓶或压缩气体瓶中，储存的能量仍然十分有限，且氢气有外溢风险。其次，氢能汽车的燃料电池耗资颇高。燃料电池大都较脆弱，加上很多都需要稀有金属铂作为催化剂，成本昂贵。最后，氢的制作不够环保且需要其他能量输入，如电解水制氢需要电能，若从化石燃料中提取，也会引起能量的流失。

尽管面临这些问题，氢能汽车还在不断实践发展。2018 年 9 月，武汉首批氢燃料电池动力公交车在武汉东湖新技术开发区（又称"中国光谷"）359 路公交线路试运行，武汉首座加氢站同步启用，标志着武汉市氢燃料电池动力公交车全面进入商业化示范运行新阶段。2021 年 12 月，上海陆续上线 31 辆氢燃料公交车，覆盖嘉定、奉贤、金山、临港 4 个区域。2022 年 2 月，北京 2022 年冬奥会和冬残奥会开幕，根据北京冬奥组委公布的数据，北京冬奥会示范运行超 1000 辆氢能汽车，配备 30 多个加氢站，是全球最大的一次氢燃料电池汽车示范。此次，来自丰田汽车、北汽集团、宇通客车、福田汽车等一众车企的氢燃料电池汽车均被投入北京冬奥会服务运营中。

（四）更高效

1. BRT（Bus Rapid Transit）

快速公交系统（BRT）是一种介于快速轨道交通与常规公交之间的新型公共客运系统，其投资及运营成本比轨道交通低，但运营效果接近于轨道交通。它是利用现代化公交技术配合智能运输和运营管理，开辟公交专用道和建造新式公交车站，实现轨道交通式运营服务，达到轻轨服务水准的一种独特的城市客运系统。快速公交系统是一种创新的公共交通模式，它采用特制的、高性能公交车辆，在公共交通专用道上行驶。这一系统不仅保留了轨道交通的大容量、高效能及准时性等特点，还兼具了普通公交车辆的灵活性与便捷性，为乘客提供了一种高效、便利、快速的公共交通出行选择。

快速公交系统主要有七个组成部分：专用行车道、车站与枢纽、特色车辆、线路、收费系统、智能交通系统、服务。其特点主要有快速、大容量、舒适、节能。截至 2019 年，我国城市 BRT 车辆数量为 9502 辆，同比增长 4.3%，在城市公共汽电车中的占比从 2013 年的 0.88% 提升至 1.37%。2019 年全国 BRT 线路长度为 6149.8 千米，同比增长 20.1%。2019 年全国 BRT 客运量为 17.47 亿人次，比 2018 年增长 10.1%。

2. ETC（Electronic Toll Collection）

电子收费系统（ETC）采用车辆自动识别技术完成车辆与收费站之间的无线数据通信，从而实现车辆自动感应识别和相关收费数据的交换。它利用计算机网络进行收费数据的处理，实现不停车、不设收费窗口也能实现全自动电子收费。作为智能交通系统的一部分，电子收费系统特别适合在高速公路或交通繁忙的桥隧环境下使用。高速公路收费处，有专门的 ETC 收费通道。车主只要在车辆前挡风玻璃上安装感应卡并预存费用，通过收费站时便不用人工缴费，也无须停车，高速通行费将从卡中自动扣除，实现自动收费。这种收费系统每车收费耗时不到 2 秒，其收费通道的通行能力是人工收费通道的 5—10 倍。电子收费系统可以使公路收费走向无纸化、无现金化管理，从根本上杜绝收费票款的流失现象，解决公路收费中的财务管理混乱问题。另外，采用电子收费系统还可以节约基建费用和管理费用。

我国交通部从 1998 年开始研究 ETC 相关技术，1999 年在北京、江苏、四川、广东的交通厅开展示范工程建设。2014 年 3 月交通运输部发布《关于开展全国高速公路电子不停车收费联网工作的通知》，要求到 2015 年底基本实现全国 ETC 联网，主线收费站 ETC 覆盖率达到 100%，匝道收费站 ETC 覆盖率不低于 90%，全国 ETC 用户数量达到 2000 万户。2019 年全国新增 ETC 用户 9384.72 万户。2019 年 10 月交通运输部又印发了《关于做好货车及专项作业车 ETC 发行服务有关工作的通知》，明确了货车 ETC 相关使用政策，并于 11 月组织各省 ETC 发行服务机构，工商、建设等五大合作银行及中石油等单位，在辽宁沈阳启动全国货车及专项作业车 ETC 发行推广工作。截至 2021 年我国 ETC 用户数量已超 2.5 亿户。

3. MaaS（Mobility as a Service）

出行即服务（MaaS）是全球交通运输领域提出的一种创新性系统，主要是通过电子交互界面获取和管理交通相关服务，以满足人们的出行要求。通过这个系统，人们可充分了解和共享整个城市交通系统所能提供的资源，以此实现无缝对接、安全、舒适、便捷的出行服务。MaaS 的核心是从拥有车辆转变为拥有交通服务，通过一体化交通出行和一站式服务，改善市民公共出行体验，属于先进的出行服务系统的一部分。

MaaS 整体目标是整合区域内各种交通资源（地面公交、轨道交通、共享汽车、共享单车）及城际交通出行方式（民航、高铁、长途客运），并接入餐饮、住宿、购物、旅游等信息，在公共交通智能调度、个人习惯分析、绿色出行优先等基础上，实现出行行程预订、路径一键规划、公共交通无缝衔接、费用一键支付等功能，整体提升公众公共交通出行满意度，提高公众绿色出行良好体验。与出行即服务相关的主要系统平台包括政府部门、城区出行服务商、城际出行服务商、支付系统、个性化服务商等。

从用户角度而言，MaaS 使交通出行一体化，让出行更加便宜、舒适，可以有效减少对私家车的需求与依赖。从供给方角度而言，MaaS 可以优化整体效率、降低成本、增加现有交通资源使用率、刺激出行需求提高收益。从社会角度而言，MaaS 可以减少拥堵、促进当地商业发展。

2019 年 11 月 4 日，北京市交通委员会与阿里巴巴旗下高德地图签订战略合作框架协议，共同启动了北京交通绿色出行一体化服务平台。在北京 MaaS 平台框架下，2020 年 9 月，北京市交通委、市生态环境局联合高德地图、百度地图共同启动"MaaS 出行 绿动全城"行动，推出绿色出行碳普惠激励措施，是国内首次以碳普惠方式鼓励市民参与绿色出行。2021 年 2 月 9 日，广州黄埔区与百度 Apollo 联手打造的全球首个服务多元出行的自动驾驶 MaaS 平台。2022 年 10 月 10 日，上海 MaaS 系统正式面向公众，该系统可以提供智能行程规划服务，根据市民实际需求和偏好生成最优的出行方案。

二、铁路运输的中期行动

进入 21 世纪，许多铁路运输组织、企业等为持续推进铁路运输的可持续发展，在铁路机车、机车燃料、铁轨、运营模式等领域进行大量研究。下面将从更绿色、更安全、更低碳、更高效这四个维度详细论述 21 世纪铁路运输的可持续发展行动。

（一）更绿色

铁路运输的绿色行动主要体现在构建绿色运输网络体系、增加电气化铁路比例、推广新能源列车和推广无纸化出行等方面。

1. 铁路电气化

铁路电气化包括列车运行电气化与轨道基础设施电气化，即在电气化铁路上运行电气列车（由电力机车牵引的列车和电动车组），并在铁路沿线安装向电力机车和电动车供电的电力供应设施。

2015—2020 年，中国电气化铁路运营营业里程逐年增长。2019 年，中国电气化铁路运营里程达到 10 万千米，比 2018 年增长 8.7%。2020 年，中国电气化铁路运营里程到达 10.9 万千米，覆盖 99% 的 20 万人口及以上城市，铁路电气化率、复线率分别居世界第一位、第二位。2020 年，中国铁路电气化率达到 74.9%。

2020 年 6 月，德国制定《城市交通金融法》（GVFG）来推动铁路电气化进程。《城市交通金融法》用于改善与铁路相连的公共交通的交通状况，包括地方铁路电气化改造。2021 年 3 月，德国提出了一个全新的电气化方案。在方案提出之前，德国的铁路电气化率是以架空线路电气化的千米数占比来衡量的。但德国交通部认为有更好的评价标准，即"电力运行率"（铁路列车采用清洁能源运行的比例）。为了推动全国重要路线的电气化改造，德国将铁路的电气化率提高到 67% 以上。

2. 无纸化出行

2019 年 7 月 27 日，上海至南京的城际铁路就已迎来铁路电子客票时代，上海采用北京中安未来护照阅读器，让旅客乘车流程发生了巨大改变。在电子客票试点车站乘坐火车，将不再需要取票，实行"无纸化出行"。随后，车票电子化在全国推广，无纸化出行全面覆盖。

英国著名铁路运输公司维珍铁路（Virgin Trains）于 2018 年 5 月开始全面实行无票制度，旅客只需要下载维珍铁路手机应用程序，将订单信息保存在手机中，然后在火车站扫描二维码，就可以直接进站。该应用程序还提供了实时列车信息、座位预约等智能化服务，大大提高了客户体验。

德国铁路公司推出名为"DB Navigator"的在线服务 App。这个应用程序提供了实时列车信息、车票预订、行程计划、取消预订等一系列服务。乘客可以通过应用程序购票，并使用电子车票上车。同时，德国铁路公司还推出了名为"Touch&Travel"的无纸化服务，通过手机的 NFC 功能自动检票。

加拿大国家铁路公司已经开发出一个名为"VIA Rail"的在线服务 App。该应用程序具备在线购票、行程规划、列车信息、取消预订等功能。乘客可以在线购票，然后通过手机上的"电子行程单"上车。通过无纸化的电子票务，加拿大国家铁路公司为用户提供更加快捷、低碳、高效的出行体验。

（二）更安全

铁路运输在中国交通运输业中起着主导作用，对国民经济和社会发展有着重大的战略意义。努力保证铁路运输安全，既是国民经济发展的基本要求，也是全国人民的殷切希望。相对于公路运输而言，铁路运输的安全性整体较高，这得益于以下技术的开发与推广。

1. 列车运行控制系统

列车运行控制系统是根据列车在线路上的客观运行条件、实际运行状况等，通过列车车载设备和地面设备，对列车运行实施控制、监督和调整，旨在保证行车安全，提高运输能力。2003 年，铁道部结合中国铁路运输的特点和既有信号设备制式，制定出了符合中国国情的列车运行控制系统。（见图 3-3）中国列车运行控制系统（Chinese Train Control System，CTCS）分为 CTCS-0 级、CTCS-1 级、CTCS-2 级、CTCS-3 级和 CTCS-4 级这五个等级。CTCS-0 级列车运行控制系统适用于既有线路，是由通用式机车信号和列车运行监控装置组成的。CTCS-1 级列车运行控制系统是由主体化机车信号、安全型列车运行监控装置和点式应答器组成的。CTCS-2 级列车运行控制系统是基于轨道电路（模拟或数字轨道电路）来传输信息的。CTCS-3 级列车运行控制系统是基于无线通信（GSM-R）来传输信息，并采用轨道电路等方式监测列车占用情况的。CTCS-4 级列车运行控制系统则是完全基于无线通信（GSM-R）来传输信息的。CTCS-2 级以上设备具备超速防护功能。

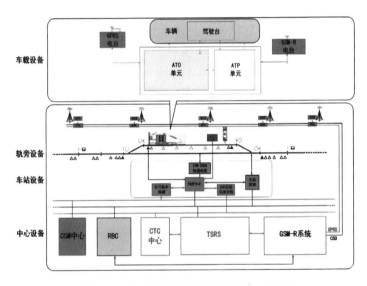

图 3-3　中国列车运行控制系统基本构架

2. 智能预警系统

智能预警系统是一种新型的铁路运输安全技术，其作用是在列车运行过程中实时监测列车之间或列车与其他物体之间的距离，并在紧急情况下做出预警，甚至自动停车。智能预警系统可以通过雷达、激光或者红外线等传感器实现对距离的掌控。一旦发现列车存在距离风险，智能预警系统会立即发出警报并进行制动操作，从而确保铁路运输的安全性和可靠性。

2012 年，北京中铁通电务技术开发有限公司在青藏铁路格拉段对自主研发的铁路列车运行间隔实时追踪及防撞预警系统进行了测试。该系统能够连续实时地追踪列车轨道路线上相邻列车的距离，并通过精确测距、智能算法和逻辑判断等确认该距离是否小于设定值，如果小于设定值就会发出预警信号，提醒司机和地面行车控制人员采取必要的措施。

2017 年，中国铁路广州局集团有限公司在广州南站至深圳北站等四段铁路线路上安装了火车防撞系统。该系统主要利用激光和雷达技术，能够在两列火车之间保持一定距离，有效防止车辆之间的相撞和碰撞。这是华南地区应用的首个火车防撞系统，填补了华南地区火车防撞领域的空白。

京沪高速铁路采用的列车自动保护系统（I3-ATP）以交联移动通信为核心技术，融合速度监测、自动防抱死等多种技术，以实现列车之间的精准协调与自动控制。当检测到列车速度超过规定安全速度后，系统将自动降低列车速度，确保列车的安全运行。

为保证列车运行安全，国外也采取了一系列行动。比如日本铁路自动控制系统，主要是基于车载电脑、GPS、集中控制中心、防撞装置、自动驾驶仪等技术，来预防铁路事故，确保列车安全运行。2004 年日本地震，有列车因此脱轨，虽未造成人员伤亡，但此后东日本铁路公司在新干线沿线安装了一套地震预测系统。这套早期地震检知警报系统包括海岸地震计测仪、铁道沿线地震计测仪。地震检知警报系统的反应时间已从诞生之初的 3 秒缩短到 1—2 秒。这套系统与防止脱轨装置配合使用，防止脱轨装置安装在新干线路基的两条铁轨之间，一旦发生地震或其他冲击性灾害，脱落的车轮将会被这种装置控制住，最终回到轨道上来，从而防止列车脱轨和倾覆。

又比如瑞典铁路公司的自动列车防撞系统，主要是通过雷达和 GPS 定位技术来实现风险防控。当两辆火车距离太近或速度过快时，列车会自动减速或停车，以保障行车安全。另外，印度贡根铁路有限公司与克奈科斯微系统有限公司进行技术合作开发了列车防撞装置网络（ACDN）。ACDN 系统使用全球卫星定位系统获取列车的位置，并通过无线电实现列车间的相互识别和沟通。ACDN 系统会自动寻找其他列车发送的信号，并监测、调整它们相对速度所需要的制动距离。如果发现同一轨道上有其他列车，且彼此距离接近，系统就会自动限制列车速度，从而防止发生追尾和正面碰撞。（见图 3-4）

行驶方向　　　行驶方向

主动测距
被动应答

图 3-4　印度列车防撞装置网络示意图

3. 火灾预警系统

火灾是铁路运输中的一大安全隐患，火灾预警在铁路运输中非常重要。为了提高铁路运输的安全性，许多国家研发了列车火灾预警系统。该系统可以通过红外线、烟雾探测器等设备对列车内部进行实时监测，并在发现火灾风险时发出警报。该系统还可以通过自动喷水、灭火等装置实现对火灾的及时控制。传感器设备将收集到的数据通过无线网络传输到中心控制系统，由系统进行分析处理。当控制系统发现某一车厢内的气体浓度异常升高时，系统将自动触发火灾预警系统，并通知列车员和相关部门，以便采取紧急措施，避免因火灾引起人员伤亡和财产损失。此外，控制系统还可以通过监控视频来监测车厢内是否有明火或其他可能导致火灾的危险源，一旦发现便立即触发火灾预警系统进行应急处理。

（三）更低碳

下面将从低碳燃料和可再生能源利用这两个方面介绍铁路运输的低碳行动。

1. 低碳燃料

（1）氢燃料机车

现阶段，氢气与燃料电池结合在一起构成动力系统，来替代传统内燃机应用于铁路运输。氢燃料电池动力系统使车辆摆脱了对线路牵引供电系统的依赖，降低了线路的投资，不仅如此，它还具有噪声小、污染低及使用寿命长等特点。就目前来说，可使用的氢燃料电池类型主要包括质子交换膜燃料电池（PEMFC）和固体氧化物燃料电池（SOFC）。

　　世界上第一辆氢燃料电池动力系统机车诞生于 2002 年，由美国 Vehicle Projects 公司为一处地下金矿而研制开发的。该车由纯质子交换膜燃料电池驱动，无动力电池。两个燃料电堆串联，提供 126 伏电压和 135 安电流，净功率达 17 千瓦。车辆采用金属氢化物储氢，并加装热交换机满足氢气吸附和去吸附过程中产生热量的热传递。随后在 2009 年，该公司与美国伯灵顿北方圣达菲铁路公司合作研制了氢燃料电池调车机车，该项目由美国国防部出资支持。该机车重约 130 吨，采用燃料电池与铅酸电池混合动力系统，240 千瓦质子交换膜燃料电池作为主功率输出并为电池充电，铅酸电池提供辅助功率输出，全系统瞬时功率可超 1 兆瓦。

　　2015 年，世界首列氢能源有轨电车在中车青岛四方机车车辆股份有限公司（原属中国南车）成功下线。该车采用了功率为 200 千瓦的质子交换膜燃料电池作为动力源，应用永磁同步电机直驱系统和铰接转向架技术。电车加氢时间控制在 3 分钟以内，单次充满氢气可运行 100 千米，最高运行速度可达 70 千米 / 小时。整车采用 3 节编组，设置 60 多个座位，总载客量超过 380 人。

　　（2）生物柴油机车

　　生物柴油是直接或间接取自生物的化工产品，主要由动植物油脂（脂肪酸甘油三酯）与短链醇（甲醇或乙醇）经酯交换反应得到的脂肪酸单烷基酯。生物柴油的原料丰富，包括植物油（草本植物油、木本植物油、水生植物油），动物油（猪油、牛油、羊油、鱼油），工业、餐饮废油等。生物柴油为可再生能源，具有高十六烷值、低芳香烃含量、易燃烧以及一氧化碳排放量低、闪点高、使用安全等特点。基于以上的优点，各国政府及科研院所开始着力于将生物柴油应用于铁路交通领域中。

　　从 2007 年开始，巴西淡水河谷公司使用包含棕榈油和 B20 混合燃油的燃料来驱动机车，并计划增加使用生物柴油的机车数量。俄罗斯铁路公司在 2006—2007 年间分别对 B5、B10 和 B20 混合燃油进行了测试，但结果显示其与传统柴油相比，性能并无显著改进。印度铁路公司在燃油消耗率、发动机功率和机车排放物等方面进行测试，比较了传统柴油和 B10、B20 混合燃油，发现传统柴油与 B10、B20 混合燃油在发动机功率和燃料消耗方面的表现相差无几。法国国营铁路公司在机车上测试了 B20 混合燃油，结果显示虽然它的排烟量有所降低，但其他污染物的排放量却相对增加了。

美国南佛罗里达州区域交通管理局从 2002 年开始先后进行了为期 3 个月的 B100 纯生物柴油测试和为期 8 年的 B20 混合燃油测试。试验结果表明，B100 纯生物柴油并不适合在寒冷季节中使用。因成本过高，其在 2010 年停止对 B20 混合燃油的使用。2008 年，东华盛顿国际铁路主导了一项长达半年的 B25 混合燃油机车测试。2010 年，美国国家铁路客运公司在一辆 GE P32-8 客运机车上对 B20 混合燃油进行长达 12 个月的测试。据该公司报道，测试中碳氢化合物、一氧化碳和颗粒物排放均低于美国环境保护署相关标准。加拿大太平洋公司于 2009 年在 4 辆 GE 客运交流 4400 级车上测试了 B5 混合燃油，发现测试温度最低可达 −40℃，此结果验证了 B5 混合燃油在寒冷季节被用于运输服务的可行性。2012 年，美国诺福克南方铁路与美国 EMD 公司测试了 B11 混合燃油的性能，并启动了 B100 纯生物柴油的测试。新墨西哥铁路公司于 2009 年使用 EMD3600 HP 引擎来测试 B20 混合燃油。美国因瓦州际铁路公司通过测试 B20 混合燃油发现，虽然其氮氧化物排放量略微增加，但其他排放物降低了 35%。

（3）天然气机车

天然气主要成分为甲烷，常温常压下为气体，密度约为空气的 60%，当温度低于 −162℃时，天然气将转变为液态。相较于其他化石燃料，天然气的温室气体排放量较小。在交通运输领域，天然气的主要应用形式为液化天然气和压缩天然气：液化天然气需低温存储，所需设备结构复杂但燃料储存密度大（约为常压天然气的 600 倍），安全性高；压缩天然气需要高压（约 25 兆帕）存储，密度约为常压天然气的 200 倍，但安全性较低。现阶段，这两种天然气均有在铁路交通领域的应用。

加拿大国家铁路公司于 2012 年成功验证了液化天然气作为燃料应用于机车的可行性。该公司用两辆动力机车进行编组，中间由一辆液化天然气罐车连接。测试过程中燃料成分为 90% 的液化天然气和 10% 的柴油，该燃料驱动机车共行驶 480 千米。

2001 年，美国纳帕谷铁路公司与纳帕谷品酒列车公司共同改造出一辆由天然气驱动的机车，其初期使用含有 60% 液化天然气和 40% 柴油的混合燃料，直到 2008 年开始使用 100% 液化天然气。2013 年，美国伯灵顿北方圣达菲铁路公司测试了两辆由液化天然气驱动的机车，机车分别由通用电气公司和美国

EMD 公司制造。机车均采用低压直喷技术，将液化天然气直接喷到气缸底部。EMD 机车和通用电气机车使用的液化天然气、柴油燃料混合比分别为 8∶2 和 6∶4。2013 年，美国芝加哥都会规划部投资 3425 万美元给印第安纳港传送带铁路，用于将 32 辆柴油机车改造成以压缩天然气为燃料的环保机车。

国内有关天然气作为燃料应用在铁路运输方面的研究较少，仅有中车大连机车车辆有限公司于 2014 年提出一种可应用在机车上的柴油、天然气双燃料发动机，并在经济性、环保性及技术可行性等方面进行了评估。

2. 太阳能使用

在铁路太阳能利用方面，国内外均进行了有益的探索尝试和应用实践。东日本铁路公司在东京站 9 号和 10 号轨道的整个站台上方安装了 453 千瓦时太阳能电池板，为东海道 3 号线列车服务。智利圣地亚哥的地铁运营商于 2017 年投入使用了两座太阳能光伏发电站，为地铁供应 60% 的电能，可再生能源利用率达到 76%。

在国内，北京南站已于 2008 年投入使用的屋顶太阳能光伏发电系统，每日总发电量约为 320 千瓦。武汉火车站建成了年发电量 200 万千瓦时的屋面光伏系统。杭州东站在天棚和屋顶上安装了装机容量 10 兆瓦的太阳能发电装置。雄安高铁站铺设了 4.2 万平方米的光伏建材，总装机容量为 6 兆瓦，为车站服务设施带来了清洁电力。济青高铁利用沿线车站的屋顶、站台雨棚等闲置空间安装光伏发电项目，取得了显著的节能减排效果。

2013 年 11 月，中国铁路总公司正式发布了青藏铁路双线化工程总体规划，确定了双线化工程的建设方案和实施路径。青藏铁路双轨化改造除提高原有线路的运输能力和安全性之外，还涉及对新能源的利用和推广。青藏铁路双轨化改造项目在线路中大量使用光伏和风力发电技术，通过安装太阳能电池板和风电机组，为铁路行车提供清洁能源，从而减少对环境的污染。

（四）更高效

下面将从铁路提速、列车维修、"中国铁路 12306"App 应用这三个方面对更高效的行动进行介绍。

1. 铁路运输再提速

2001 年 10 月 21 日，中国铁路开始第四次大提速。铁路提速延展里程达 13000 千米，覆盖全国大部分省区市。"四提"后，全国铁路客车的均速达 61.6 千米 / 小时。2004 年 4 月 18 日，中国铁路开始第五次大提速。这次提速使全国几大干线铁路部分路段时速达到 200 千米。首次运营 19 辆时速为 160 千米的直达特快客车（车次为 Z 字头），提速后全国铁路客车的均速达 65.7 千米 / 小时。2007 年 4 月 18 日，中国铁路开始第六次大提速，时速 200 千米铁路里程继续延长，部分路段时速达 250 千米。和谐号动车组首次投入运营，高速动车组自此走进了中国人的生活。2008 年奥运前夕，京津城际高铁通车，成为中国第一条时速达 350 千米的高速铁路。此后，武广高铁、京沪高铁等一批高等级高铁建成投用，高铁网越织越密，中国高铁铸就了"中国速度"。

2. "状态修"提高列车维修效率

长期以来，中国铁路货车检修模式普遍存在"无病也治""有病通治"的现象，既浪费成本又拖延时间。特别是在万吨重载运输规模不断扩大的背景下，货车由于周转频次高、磨耗加剧，若统一按时间周期施修，会导致车辆"带病运行"，甚至造成运行安全隐患。国家能源集团沧州黄骅港的"状态修"整备线不仅工装设备先进、齐全，能实现故障精准定位、快速维修和零部件批量更换，还配置由国家能源集团联合多方科技研发力量自主研制的创新成果"智能巡检机器人"。自投入应用以来，"智能巡检机器人"24 小时运行，在高强度、大作业量的情况下，代替工人准确判断、精准施修，提高作业效率和智能化水平，从而减少工人劳动强度，降低检修成本。

自第一辆列车于 2019 年 10 月 28 日驶出黄骅港"状态修"整备线，不到 3 年的时间里，国家能源集团全面深入推进"状态修"。（见图 3-5）"状态修"对国家能源集团 53000 多辆重载

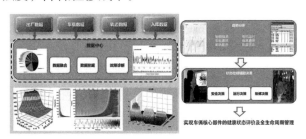

图 3-5　列车"状态修"

铁路货车进行检修，精准查修 30 多万个故障，创造了巨大的社会效益和经济效益，展示出国家能源集团在我国重载铁路行业的地位和优势。

"状态修"大约 4 个小时即可修完一辆由 50 多辆 C80 型车编组而成的列车，比传统"计划修"足足节省 68 个小时！"状态修"开创了我国铁路重载货车检

修的新模式、新方法，在国家能源集团重载货车运行的 2400 多千米铁路线上绽放魅力，也展现了铁路工人勇敢拼搏、无畏创新的精神，更让时间紧、任务重的重载铁路货运更安全、高效地运行。

3. "中国铁路 12306"使服务更高效

"中国铁路 12306"是由中国铁路客户服务中心推出的官方手机购票应用软件，与火车票务官方网站共享用户、订单和票额等信息，采用统一的购票业务规则。软件具有车票预订、在线支付、改签、退票、订单查询、常用联系人管理、个人资料修改、密码修改等功能，于 2013 年 12 月 8 日上线试运行。截至 2022 年 10 月，"中国铁路 12306"App 总下载安装次数已经超过 17 亿次，该 App 现已具备网络购票、在线选座、网上点餐等多重功能。"中国铁路 12306"网站（含手机 App）日最高访问次数已经高达 2000 亿次，高峰期每秒可销售 1500 张车票，单日最高售票量高达 1541.3 万张，年度销售量高达 35.7 亿张，占年度售票总量的 81.1%，大大提高了铁路运输的效率。

"中国铁路 12306"App 除提供购票及票务查询功能外，还增设了"铁路资讯""自助服务""平台联盟"三项菜单功能。后上线的"铁路同行小伙伴"App 集"看读""视听""趣玩"三大模块于一体，通过电子杂志、视频动画、趣味游戏三种形式向旅客介绍铁路服务信息和科普知识，为旅客提供娱乐消遣，消除旅途疲劳，使其获得更加立体的乘车感受。

三、水路运输的中期行动

进入 21 世纪，许多水路运输的组织、企业为持续推进水路运输的可持续发展，在船舶、船舶燃料、港口、航道、运营管理等领域进行了深入研发与创新实践。下面将从更绿色、更安全、更低碳、更高效四个维度详细论述 21 世纪以来水路运输的可持续发展行动。

（一）更绿色

1. 船舶岸电

船舶岸电是指船舶在港口停靠时，不使用船舶上的辅助发电机发电，而采用陆地电网系统供电的方式来满足船舶冷藏、加热、通信、照明等用电需求。

船舶岸电系统主要由船舶受电系统、船岸交互部分和岸上供电系统三部分构成，其工作原理是将岸上供电系统（岸基装置）通过船岸交互部分（连接岸上及船上受电装置间的电缆和设备）将电力送至船舶受电系统，即船载装置。（见图 3-6）相较于传统的燃油辅机发电，船舶岸电具有显著的碳减排效果。

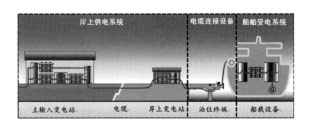

图 3-6　船舶岸电系统构成

在供电频率方面，大多数国家和地区的供电频率为 50 赫兹，一些国家和地区的供电频率为 60 赫兹，如美国、韩国、加拿大等。故船舶的用电频率一般也为 50 赫兹或 60 赫兹。根据港口码头的供电电压和频率，到港船舶船型及其所需电压、频率以及各地区推广应用理念的不同，岸电技术实施方案也各不相同。根据岸电额定电压的大小，以 1 千伏为分界线，可以将岸电系统分为低压岸电系统和高压岸电系统两类。低压岸电采用的电压等级一般为 380 伏 /50 赫兹或 440 伏 /60 赫兹，高压岸电采用的电压等级则一般为 6 千伏 /50 赫兹、6.6 千伏 /60 赫兹或 11 千伏 /60 赫兹。

（1）船舶岸电的发展历程

船舶岸电的运用可以追溯到 1989 年，当时瑞典哥德堡港使用陆上电源给客滚船供电，这是该项技术的首次应用。2000 年，该港口建成了全球首个高压岸电系统，大大地减少了靠港船舶的碳排放，引起了欧盟各国的高度重视。随后，船舶岸电技术在欧盟内部被加速推广，其应用范围从轮渡码头逐步扩展到其他码头，岸电技术受到了全世界的关注。2001 年，美国阿拉斯加的朱诺港使用高压岸电系统为停靠的邮轮供电。2004 年，洛杉矶港将船舶岸电技术应用到了集装箱码头。2009 年，美国长滩港将船舶岸电应用到了油品码头。由于货物本身的特性，相较于普通货物码头，油品码头对船舶岸电的技术安全性有了更加严苛的标准。从使用岸电的港口类型来看，岸电已在更广阔的范围内投入使用，几乎覆盖了所有类型的码头，在数量、规模上也逐步扩大。

我国的船舶岸电应用起步较晚，但发展速度较快，由交通运输部负责岸电的推广应用工作。2009年，青岛港码头成为国内首个完成岸电改造的码头。上海港紧随其后，2010年，上海外高桥二期集装箱码头成功引入了船舶岸电，其创新使用了移动式岸基船用变频变压供电系统，可以较为便利地向船舶提供岸电。同年，连云港的高压船舶岸电系统投入使用，该系统具有船用岸电变频、不间断供电、操作便捷等优点。2016年，在上海洋山深水港，上海港和连云港合作研发的新岸电系统投入使用，该套岸电装置成功为某集装箱船舶持续供电。2017年，交通运输部发布《港口岸电布局方案》，从此拉开了国内岸电高速建设的序幕。截至2019年底，我国已建成港口岸电设施5400多套，覆盖泊位7000多个，我国主要港口都已实现岸电系统的覆盖。

（2）船舶岸电的环保效果

首先，使用岸电可以大大降低靠港船舶的硫氧化物、氮氧化物、颗粒物及二氧化碳等的排放。研究结果显示，船舶靠港大气污染物排放占整个港口排放的60%—80%，靠港船舶辅助发电机产生的碳排量占港口总排碳量的40%—70%，这已经成为影响港口及所在城市空气质量的重要因素。使用岸电后，靠港船舶可实现以电代油，有效降低燃油产生的污染物排放和碳排放。其次，与辅机发电相比，岸上电厂的发电效率较高，更加专业。因此，使用岸电技术可以提高能源综合利用水平。从船舶运营商的角度来看，使用岸电可以降低船舶在靠港期间的运营成本。在理想状态下，岸电设施的全生命周期运营成本不会高于1.1元/千瓦时（含0.65元/千瓦时的电价成本），远低于船舶柴油辅机2.5元/千瓦时的发电成本，岸电成本优势明显。最后，从船员的角度来看，使用岸电系统不仅能保证足额供电，还能减少噪声，提高生活质量。

（3）船舶岸电的推广应用

岸电常态化使用已经成为全球港口减排的共识。在岸电的推广应用方面，美国走在了世界前列，率先出台与岸电有关的减排法规，如美国加州通过颁布法律推动靠港船舶使用岸电。欧盟发布的《欧洲绿色协议》配套政策措施"Fit for 55"对靠港船舶使用岸电也做了规定和要求。

国内的一些法律法规明确部分水域的船舶在靠泊时要使用岸电，如2015年修订的《中华人民共和国大气污染防治法》明确要求"新建码头应当规划、设计和建设岸基供电设施；已建成的码头应当逐步实施岸基供电设施改造。船舶靠港后应当优先使用岸电"。2021 年实施的《中华人民共和国长江保护法》也对岸电使用提出具体要求。交通运输部颁布的《港口和船舶岸电管理办法》则更详细地规定了船舶岸电的建设、使用、服务、监督等具体内容。目前，交通运输部门仍在继续加快推进港口和船舶岸电设施改造升级，推广智慧岸电建设应用。

2. 绿色港口

港口作为水路运输的枢纽核心，连接着全球贸易的往来。港口的污染主要来自港口的船舶、车辆、装卸搬运机械等，除此之外，还来自部分具有污染性的货物。这些污染范围广泛，对港口周围的生态环境造成了不良影响。随着贸易量的增加，进出港口的船舶、车辆不断增多，货物的装卸搬运活动不断增加，给港口的环境带来了巨大的压力。随着可持续发展理念的提出与流行，港口行业提出了"绿色港口"的发展理念。

（1）绿色港口的内涵

绿色港口，也被称为生态港口，是指在港口的全生命周期内，优化港口资源配置，在港口发展建设中保护环境、降低污染，将绿色发展理念与港口结合，其实质在于满足经济要求的同时，兼顾环境利益，走一条港口发展与环境资源保护的共生之路。可以说，发展绿色港口不仅符合可持续发展理念，也是新时代港口建设的必然趋势。相比于一般的港口，绿色港口具备以下特点：

绿色港口在带来更高环境效益的同时还能创造经济效益。港口属于社会经济体系的重要组成部分，其本质是服务于社会经济发展，满足水路运输需求。因此，绿色港口在进行绿色发展时，需兼顾经济效益。

港口在开发建设过程中会占用岸线、土地等资源，在生产作业过程中要消耗水、石油等资源，同时，在建设生产过程中也会对周围环境造成影响。绿色港口秉承可持续发展理念，对于可再生资源，控制其用量，使资源的再生速度与使用速度之间保持平衡。对于不可再生资源，有计划地利用，着眼长远，不过度开发。通过投入一定的人力、物力、财力，减少和消除港口建设生产过程中对港口生态环境所造成的破坏和不良影响。绿色港口的建设发展往往是新技术、新思路综合运用的过程，如采用新能源装备设施、发展岸电、创新管理模式、加强绿色发展理念培养等。

（2）绿色港口发展实践

国外绿色港口的发展一般以港口企业为主导，它们将绿色理念融入港口运营和规划设计之中，通过设立绿色港口指标，运用绿色港口技术和装备，加强员工绿色理念的培训等来减少污染和消耗，取得了良好的效果。

美国长滩港是绿色港口的倡导者之一。2005年，长滩港推出包括维护水质、清洁空气、减轻交通压力等在内的涉及多个方面的环保方案——"绿色港口政策"，来指导长滩港可持续发展。2007年，长滩港推出了"清洁空气行动计划"，采取措施要求船只降低航行速度，以有效降低燃料消耗和废气排放。另外，长滩港在码头设计、发展和运营各个阶段都践行绿色发展理念，积极研发新型的"绿色"技术、采用环保材料、鼓励使用新能源替代传统能源等。经过综合治理，长滩港的环境得到了明显改善。

澳大利亚悉尼港是最早践行绿色发展理念的港口之一，将绿色港口发展理念融入其经营发展之中，从水体质量、空气质量、噪声控制、环保教育与培训等方面实施"绿色港口指南"。针对陆地雨水问题，悉尼港安装雨水收集处理装置收集雨水回收利用。针对噪声问题，悉尼港开设了噪声投诉热线、成立噪声管理委员会、制订噪声管理计划。除此之外，悉尼港严格执行澳大利亚制定的环境保护法律法规，开出了多张关于环境污染的罚单，赢得了多起关于港口污染的诉讼。悉尼港还积极与政府、社区合作并不断提高员工环保意识。悉尼港在绿色港口建设方面取得了显著成绩，更成为其他港口学习的典范。

与国外相比，国内绿色港口的相关建设工作起步较晚，但发展较快，下面将介绍大连港和上海港的绿色发展情况。随着绿色低碳理念的深入人心，大连港开启了生态兴港模式，将绿色港口建设提上了日程，制定了一系列切实可行的节能环保计划，如《大连港集团有限公司绿色生态港口发展规划（2015—2020）》《大连港绿色循环低碳港口主题性项目实施方案》等。针对港区的粉尘问题，大连港采用设置抑尘墙、配备吸尘设施等防尘抑尘措施来确保港区环境的清洁与卫生；对于港区废水，大连港引进污水处理设施，实现了港区污水达标处理的全覆盖，并增大污水回用率；在节能减排方面，大连港对港区场桥进行了"油改电"，有效减少了成本和空气污染物的排放；不断推广岸电技术，大大降低了船舶靠港过程中颗粒物、氮氧化物、硫氧化物的排放和噪声污染。大连港还积极推进光伏发电，持续推广港区绿色照明，分别对港区路灯及码头作业区的照明设施进行改造。随着一系列强有力措施的实施，大连港的绿色港口建设成效显著。

上海作为中国第一大集装箱港，走在了绿色港口发展的前列。2015年，上海港口集团就制定了《建设绿色循环低碳港口节能减排专项规划（2015—2020）》和《上港集团创建绿色港口三年行动计划（2015—2017）》，在上港集团的"十四五"规划中，明确提出将坚持推进智慧港口、绿色港口、科技港口、效率港口建设。在具体措施方面，一是大力推广岸电应用。二是推进新旧能源转换。上海港持续更新柴油动力集装箱卡车，使绿色装备和绿色技术在港口得到推广应用，让主要生产装备使用清洁能源的比例达到行业领先水平。三是新技术的应用。洋山四期自动化码头在建设上应用了远程操控桥吊、智能调度系统、太阳能辅助供热等先进技术，在节能减排、环境保护等方面具有突出优势。

（3）绿色港口评价

除实施具体措施外，绿色港口的评价与认证是极为关键的环节之一，其为港口的发展提供一个全面、科学、合理和系统的绿色发展指导，引导和激励港口走向可持续发展之路。全球范围内航运发达的地区结合各自的实际情况先后创建了多种绿色港口评价体系。这里主要介绍亚太绿色港口奖励计划（GPAS）、欧洲生态港认证体系（EcoPorts）及我国绿色评价标准。

亚太绿色港口奖励计划是由亚太港口服务组织制定的一个针对亚太港口的绿色港口评估机制。亚太港口服务组织一直致力于推动亚太港口的绿色发展。虽然它在制定亚太绿色港口奖励计划时借鉴了欧洲和北美的绿色港口评价体系，但显示出了独特的亚太风格。该组织结合亚太地区港航的实际情况对评价内容和指标等做了针对性调整，其指标包含了三个一级指标，分别是：绿色发展承诺与意愿、绿色发展行动与实施、绿色发展效率与有效性。在一级指标之下，还设有多个二级具体指标。亚太绿色港口奖励计划的申请采用自我评价与专家评价相结合的方式，首先申请者根据要求进行自我评价，然后由专家对每个指标进行评分，最终由亚太绿色港口奖励计划秘书处计算出总分。亚太地区有11个港口获得2022年度"亚太绿色港口"称号。

欧洲生态港认证体系包括港口自我诊断法（SDM）和港口环境评审系统（PERS）。申请参评港口首先要进行SDM认证，SDM认证首先要填写SDM清单。在完成 SDM 调查问卷后，可以申请将港口得分与欧洲环境绩效基准进行比较，最后接收专家的评估意见和建议。PERS 认证则需要港口提出申请，由劳埃德船级社审查认证，认证的有效期为 2 年。

我国于 2013 年发布实施了《绿色港口等级评价标准》。之后，交通运输部对该标准进行了修订，于 2020 年发布了《绿色港口等级评价指南》。《绿色港口等级评价指南》的评价对象在原有的专业化集装箱码头、干散货码头和液体散货码头的基础上新增了邮轮码头，同时对评价指标及计分方法进行了修订，突出了岸电、船舶污染物接收处置、油气回收等交通行业重点工作。

3. 绿色航道

绿色航道是指在航道全生命周期内，以可持续发展为理念，开展技术经济论证及环境影响分析，通过合理的规划设计、施工建设和养护管理，在满足功能需求的基础上，最大限度地控制资源占用、降低能源消耗、减少污染排放、保护生态环境，注重品质建设与运行效率的提高，与资源、环境、生态、社会和谐发展的航道。

德国在整治建设内河航道的过程中，会维持原有生态链，利用河沟汉口建设一些亲水平台，上面供市民休闲游玩之用，下面则为野生水鸟栖息地；也会通过在水道护岸外侧增建间断的低护岸，形成适合水生物和野生水鸟栖息的浅水区域，使生态环境与内河航运和谐发展。

我国也在积极推进绿色航道建设，以长江干线武汉至安庆段 6 米水深航道整治工程为例，将航道整治与生态保护进行了有机结合。在建设过程中采取的有效措施，包括大力开展生态护岸、生态固滩、生态护底和生态涵养区等生态工程建设，工程现场选用能耗低、工效高、工艺先进的施工机械设备。在一系列举措下，工程在提升长江航道通航能力的同时建成生态护岸 15.4 千米，修复水域面积 60 平方千米，建成生态固滩面积约 1.46 平方千米，将 204 个标准足球场面积的"荒滩"变成了"绿洲"。

（二）更低碳

对于船舶节能减排来说，相关举措多种多样，单个或多个举措的应用都能减少排放，促进可持续发展，但面向中长期的碳减排目标，根本性的解决方案是应用清洁能源。

1. 液化天然气

天然气是以碳氢化合物为主的气体混合物，主要成分是甲烷，无色、无味、无毒，比空气轻。液化天然气（LNG）则是以液态形式存在的天然气。相比其他替代燃料，液化天然气具有技术成熟度高、法规完备、能量密度高等优点，其基础设施也相对完善。据测算，与传统船用燃料相比，液化天然气能提供 23% 的温室气体减排效益，几乎不产生硫氧化物、颗粒物的排放，氮氧化物的排放量降低约 90%。LNG 双燃料动力船的应用船型已覆盖包括油船、集装箱船、散货船、邮轮等在内的主要船型，应用水域已覆盖沿海、长江、珠江和京杭运河等主要水域。中远海运能源的 LNG 双燃料超大型原油轮——"远瑞洋"轮，船舶设计总长 333 米、型宽 60 米、型深 30.5 米，采用以液化天然气为主燃料，配备 LNG 双燃料主机，综合节能指标和性能指标均居于世界领先水平。"远瑞洋"轮以液化天然气作为船舶动力来源后，碳排放较普通船舶燃油降低约 20%。

尽管 LNG 双燃料动力船是目前发展较为成熟的船舶，但仍面临一些挑战。一是改造或新建成本较高，尤其是大型的 LNG 双燃料动力船，其成本非常高。如赫伯罗特与上海华润大东合作，希望将 15000TEU 的集装箱船"Sajir"（现更名为"Brussels Express"）改装成双燃料动力系统，但改装费用高达 3500 万美元。此外，液化天然气价格波动明显，这导致其经济性受到影响。二是监管机制有待完善，从全球来看，欧洲的主要港口都制定了相关监管措施，北美和东亚地区有待完善。三是全球范围内的 LNG 加气站有待完善。液化天然气的可获得性和加气便利性是发展 LNG 动力船的关键因素。目前，LNG 加气站主要集中在北欧、北美和东北亚等地区。

2. 甲醇

甲醇是一种无色、透明、易挥发的易燃液体。在船舶清洁能源领域，甲醇受到了很大的关注。与液化天然气相比，甲醇的优势在于不需要低温储存和绝热，因而燃料舱的设计和建造相对来说比较简单，成本也较低。据评估，在一艘新船上安装甲醇推进系统的额外成本（包括发动机、燃料管道、燃料箱及其他系统），虽然比传统箱型船的成本略高，但与现有的船舶燃料油相比，甲醇可以减少 99% 的硫氧化物排放、95% 的颗粒物排放，因而它被视为可替代液化天然气的环保船舶燃料。不过，对甲醇在易燃性、毒性、腐蚀性方面的风险需要重点关注，对其生产、储存、运输、使用等各环节也都需要严加管控。

3. 氢燃料

从长远来看，氢燃料的应用是航运业未来零排放的重点发展方向，其应用试点研究正在深入进行，相关规范标准、技术设施装备等正在逐步完善。氢燃料主要应用于两种船舶动力装置上：一是传统内燃机；二是新型动力装置——燃料电池。现阶段基本以燃料电池为主。如国内首艘入级中国船级社的氢燃料电池动力船"三峡氢舟1号"，采用氢燃料电池动力系统，具有高环保性、高舒适性和低能耗、低噪声等特点，其主要用于三峡库区及两坝间交通、巡查、应急等。从全生命周期温室气体排放来看，未来的制氢方式将从化石能源制取转向可再生能源制取。此外，氢气易泄漏、易燃、易爆且无色无味，这对船舶防火防爆提出了更高要求。除此之外，各港口氢加注等基础设施仍存在巨大的空白。

4. 氨

氨被认为是最有希望实现航运零碳目标的燃料之一。作为一种重要的化工原料，氨的生产、运输、交易均较为成熟。氨的能量密度与甲醇相当，且氨易于液化，较为安全，便于储存和运输。但氨的燃烧性能较差，若直接作为燃料存在自燃温度高、可燃极限差等问题，且会产生少量的氮氧化物排放。因此氨作为内燃机燃料需掺入其他助燃剂混烧，技术成熟度较低。氨燃料电池几乎不产生有害气体和温室气体，但功率较低，尚不能满足船舶应用需要。在安全性方面，氨气是一种无色透明且伴有刺激性臭味的气体，具有一定的毒性。此外，氨气还具有高腐蚀性，对船舶各种管路和阀件有较高的质量要求。

5. 电力

按照动力源的不同，可以将电动船舶分为纯电动、混合动力以及燃料电池三种。其中，纯电动船通过电池为船舶提供动力，包括锂电池＋超级电容、铅酸电池等。混合动力船是指除电池之外，还有其他的动力源，包括柴电混合等。燃料电池船主要是通过燃料电池将燃料的化学能直接转换为电能，为船舶提供动力，包括氢燃料电池，甲醇燃料电池等。

电动船舶具有排放零污染、产生噪声小、能量转化率高等方面的优点，发展前景广阔。长远来看，氢燃料电池将占有重要地位，但离商业化还存在一定的距离，在中短期内锂电池将会是较优的选项。由于相关标准、充电设施还不够完善，电力动力源的应用集中在内河船舶、沿海渡轮、观光游船、港务船上，短期内还无法在货运领域大规模应用。长江流域首艘 3000 吨级纯电动货船"船联 1 号"由燃油货船改造而成，把电能作为整艘船的唯一能源，实现零排放、低噪声、无污染。

（三）更高效

1. 营运措施

除应用清洁能源直接减少排放外，通过优化一些营运措施也能提高船舶能效，促进可持续发展。一是采用合适的航速。船舶的燃料消耗量与航速紧密相关，一般条件下，如果船舶的航速平均放慢 10%，那么燃料消耗可以节约 25% 以上。在实际运营过程中，船舶的航速会受到多种因素的影响，因此，需要综合考虑，选择较为合适的航速。二是使用气象导航。气象导航是指根据气象预报，结合船舶性能、技术条件和航行任务，为船舶选择合适航线的导航技术。气象导航可以优化船舶航线，缩短航行时间，保障船舶航行安全，减少船体浪损，节省燃油等。除上述措施外，提升运输组织能力，提高船舶利用率，优化航线，调整营运方式，对船员进行培训等措施也都有利于提高船舶能效。

2. 技术措施

除清洁能源和营运措施外，一些技术性措施的应用也能提高船舶能效。技术性措施主要涉及对船舶进行改造，而船型与船舶的能效是密切相关的。对于新建船舶，可以通过优化船体水下形状来提高船舶的能效。在船舶涂层方面，对现有船舶涂层及时修复或更新，并同步采用新型低摩擦涂料，有利于降低船舶的航行阻力以提高能效。除此之外，安装废热回收装置亦为一项重要举措。该装置可以较好地回收部分废热，并将废热作为废气锅炉的热源来生产蒸汽，用来发电和驱动废气涡轮，以达到节约燃料的目的。

3. 智慧港口

（1）智慧港口的内涵

目前，对于智慧港口的概念和内涵尚未有统一的表述。一是由于不同的港口有着不同的功能属性，很难用一个统一的描述去界定智慧港口的发展形态。二是智慧港口建设过程中所涉及的技术极为丰富，且各种技术也在不断更新发展中。

综合目前的研究，智慧港口可以表述为：在港口现代化建设过程中，充分利用 5G、大数据、物联网、人工智能等高科技创新技术，推进智能运营、数字服务、安全环保，使港口各方高效协同、信息有效共享、资源高效配置，最终形成智能、高效、安全、绿色发展的现代化港口。其主要特征包括港口基础设施与装备的现代化、高新技术与港口业务的深度融合化、港口生产运营的智能自动化、港口运输服务的敏捷柔性化、港口管理决策的智能化、港口供应链上各种资源和参与方之间协调联动等。

（2）智慧港口发展实践

作为世界大港，鹿特丹港在智慧港口的探索与实践方面总体处于世界先进水平。早在 2011 年，鹿特丹港就提出了 2030 年港口发展战略愿景，通过分析全球港口的发展态势，勾勒了未来智慧港口的技术路线图，希望借此全面提高港口运作效率，促进国际贸易便利化，实现港口可持续发展。近年来，鹿特丹港不断加强智能技术的应用和港口生态圈的打造，在推动智慧港口建设方面取得了实质性进展。在具体行动上，鹿特丹港不断利用信息技术、智能化设施设备等提高港口运营效率，建成了全球首个自动化集装箱码头。此外，通过运用智能控制、大数据等新技术和对基础设施进行改造，鹿特丹港不断提高码头自动化水平。在港口数字化过程中，鹿特丹港从完善基础设施，建立港口运营管理系统和大数据中心，建设港口各方互联互通信息平台等方面入手，充分实现了信息的高效利用。除此之外，鹿特丹港积极推动与港口相关方如海关、航运企业等的合作，与高校建立了"产学研用"联盟，推动智慧港口相关理论和技术的研究、应用。

同样作为世界大港的上海港，在绿色发展过程中，也持续推进智慧港口建设。上海港积极运用 5G、大数据、云计算、智能控制等技术，不断完善港口智能化运营，提升港口运作效率，降低物流成本，促进贸易便利化，使港口不断朝着高效、安全、绿色、智能的方向发展。上海港建成了被誉为全球自动化码头集大成之作的洋山四期自动化集装箱码头。洋山四期自动化集装箱码头利用智能化、数字化技术为现代物流赋能，大大减少了人工投入，提高了港区作业效率，在人工节约 70% 的同时，效率却提高了 30%。除此之外，其最大的突破来自拥有完全自主知识产权的"中国芯"——全自动化码头智能生产管理控制系统（ITOS），这是自动化码头得以高效、安全、可靠运行的核心。

（3）智慧港口技术介绍

智慧港口的覆盖面和涉及领域极为广泛，智慧港口建设过程中所涉及的技术也极为丰富。下面将介绍几种新技术在港口中的应用。

物联网，简单来说，就是"物物相连的互联网"。它使用各种信息传感设备，按照约定的协议，将物体与网络相连接，物体通过信息传播媒介进行信息交换和通信，以实现智能化识别、定位、跟踪、监管等功能。其关键技术包括射频识别技术（RFID）、全球定位系统（GPS）、传感器技术等。目前，物联网技术在港口应用较多。港口运用各种传感器，通过北斗或 GPS 定位、视频监控等物联网技术，采集港口物流各个环节的各种信息和数据，对各个平台进行全面的信息整合，加强各部门之间的协同合作，及时定位和识别货物，使港口企业和客户清楚掌握货物的实况，加速货物流通，提高效率。通过对物联网技术的应用，实现"船、车、货、场"多位一体，物流监控体系全面覆盖。以天津港全物联网集装箱码头为例，该码头已完成 10 万个以上各类传感器的安装及点位设施接入，覆盖生产设备、能源管理、楼宇智控、园区辅助等各个方面，通过全面收集各种数据信息，帮助码头智慧大脑及时对生产作业进行预判，从而提高码头生产作业效率。

5G 技术，即第五代移动通信技术，是具有高速率、低时延和广连接等特点的新一代宽带移动通信技术，它可以支持更多的设备连接，实现更快的数据传输速度和更稳定的网络连接。5G 和物联网之间的关系非常紧密，其应用场景多数与物联网有关。5G 技术在智慧港口的应用场景主要有：一是装卸作业的远程控制。如可以通过 5G 网络实时传输集装箱机械作业的操作指令和龙门吊上摄像头录制的视频，实现远程完成集装箱抓取和搬运，减少安全风险，提升工作效率。二是 5G 无人运输。基于 5G 大带宽、低时延、高可靠和广连接的特性，5G 可以将路况及车辆信息实时传输，减少自动驾驶车辆的响应时间，提高运输效率，且充分保障人车安全。三是 5G 智能识别。通过 5G 网络实时传输高清视频图像，结合 AI 视觉分析技术，可以对集装箱、车牌号、人脸、货物进行识别管理，大大提高港口的运作效率。

大数据，是指一种规模大到在获取、存储、管理、分析等方面大大超出传统数据库软件工具能力范围的数据集合，一般具有海量的数据规模、多样的数据类型等特征。大数据分析技术则是指对规模巨大的数据进行分析的技术。港口大数据分析系统属于港口数字化管理平台的核心应用系统，主要有四个功能：一是建立数据库，将港口日常经营生产活动中产生的相关数据，根据港口调度需要，有效地进行整合管理并存储到数据库中；二是可视化管理，通过对数据进行整理分析，以可视化的方式展示数据信息，从而更好地辅助相关人员进行决策分析；三是动态监管生产流程，通过对数据的监测，监管港口生产流程，使港口运作效率更高；四是智能决策预警，通过对数据的挖掘和分析，发现异常数据，并进行智能分析找出原因，为港口管理和应急响应提供支持。

（四）更安全

1. 船舶交通服务系统

船舶交通服务（Vessel Traffic Services，VTS）系统是由水运主管机关推行的、用于提高船舶交通安全和效率及保护环境的服务系统。我国将 VTS 系统定义为："由海事主管机关公布并实施的，旨在保障船舶航行安全，保护水域环境，提高船舶交通效率，能实现船舶动态监管，并能为船舶提供交通服务的系统。"我国的 VTS 系统由海事局运行管理，被赋予了一定的管理职能，因此又被称为船舶交通管理系统。

在通航环境不佳的情况下，早期的 VTS 系统通过简易雷达系统及无线通信系统来保障船舶安全通行。20 世纪 40 年代，港口开始使用岸基雷达和通信相结合的交通监测系统，以提高港口地区及其航道的安全和效率。1948 年，英国利物浦港首次使用港口雷达和无线电话引导船舶在雾中进港。随后世界各地港口相继建立了岸基雷达站。20 世纪 50 年代，一批岸基雷达链在欧洲港口相继建成，管理水域从港口延伸到外海，并以雷达加甚高频（VHF）无线电话对船舶进行跟踪并显示所跟踪船舶的有关运行数据。20 世纪 80 年代，以计算机为核心的融合多种信息采集与处理技术的综合系统应运而生，推动 VTS 系统逐渐趋于合理化、标准化。其后，人工智能、大数据、物联网的出现使 VTS 系统朝着智能化、互联互通的方向进一步发展。实践证明，VTS 系统可以有效提高交通效率和减少交通事故，增加航行安全，促进海上安全监督管理的现代化。

（1）VTS 系统的构成

VTS 系统是集现代雷达技术、通信技术、计算机网络技术、信息处理技术于一体的水上交通管理电子信息应用系统。该系统主要由 VHF 通信子系统、雷达子系统、信息传输子系统、雷达数据处理子系统、交通显示及操作控制子系统、船舶数据管理子系统、信息记录子系统、环境监测子系统等组成，能够完成数据收集、数据针对性评估等工作，为管理服务机构对船舶动态进行监控、评估、调度、预警、统计分析等提供技术支撑，在船舶控制、避碰指挥与操作、支持联合行动等方面保障水上安全。

其中，VHF 通信子系统是 VTS 系统的一个基本组成部分，主要作用是保证 VTS 中心与区域内船舶之间正常、有效的联系，以便于向船舶提供各种服务。雷达子系统是进行交通监视及船舶实时动态数据收集的理想技术手段，可监视船舶航行，保证雾航安全，提高船舶航行效率，提供船舶动态信息，协助进行船舶调度等。信息传输子系统的主要任务是在雷达站和 VTS 中心之间建立信息联系，传输的信号主要有雷达信号、VHF 通信信号等。雷达数据处理子系统主要是对雷达数据进行处理，包括目标检测、目标跟踪等。交通显示及操作控制子系统的主要用途是综合显示交通图像和数据以及对 VTS 信息系统各设备进行操作控制。船舶数据管理子系统是对船舶数据进行存储、修改、整理、编辑并列表显示，以协助操作人员对船舶交通进行管理。信息记录子系统包括记录器、存储单元、转录机和记录软件等，用于对交通图像、数据和通信语言进行记录与重放。环境监测子系统用于对水域内实时气象、水文资料的收集。

（2）VTS 系统的功能

VTS 系统的功能主要有数据收集、数据评估、信息服务、助航服务、交通组织服务与支持联合行动。数据收集是 VTS 系统的首要任务，只有了解水域内的交通现况，广泛地收集各种交通数据或信息，才能为船舶交通服务提供可靠依据。收集的数据一般包括动态数据和静态数据两大类。动态数据包括观测到的有关船舶运行的数据和风力风向等数据。静态数据则是指不会随着时间而改变的数据，包括船舶吨位、载运货物等有关船舶的数据以及有关航道、助航设施的数据资料。

数据评估是指在获取交通信息后，对信息进行分析、处理、评估，使管理人员掌握水域内的交通形势，制定船舶交通管理决策和实施交通管理。船舶交通数据评估主要包括监测船舶是否违章、说明整个交通情况及其发展、监测航道情况等。

信息服务是指在固定时间，或 VTS 中心认为有必要的任何其他时间，或应船舶请求通过信息广播所提供的服务。信息服务既是船舶交通管理系统管理船舶交通的主要形式，也是基本形式。

助航服务多由船舶主动提出，VTS 系统操作员运用其掌握的信息与经验，对需要协助的船舶提供必要的协助。当 VTS 系统操作员发现某航行船舶有危险而未察觉时，会主动通知即将陷入危险的船舶加以注意，或予以必要的协助。

交通组织服务是指在 VTS 区域内为防止危险情况发生和保证交通安全及高效航行，由 VTS 中心对服务范围内的船舶交通进行统一指挥与调度的服务，该项服务具有一定程度的强制性。支持联合行动是 VTS 系统的一种辅助功能，该项服务并不是直接实施交通服务或管理，而是与其他部门协同配合，共同完成某项联合行动。

（3）我国 VTS 系统的发展及应用效果

我国的 VTS 系统建设起始于 20 世纪 70 年代。1970 年后，交通部门、各大院校及科研院所开始对 VTS 系统的建设问题进行探讨，邀请国内外相关专家进行技术交流，为我国 VTS 系统的建设奠定了基础。20 世纪 80 年代，宁波、秦皇岛等 5 个 VTS 系统先后建成。90 年代以后，我国又建了沿海成山头、天津等 10 个港口和水道的 VTS 系统，以及长江下游的南京等 4 个 VTS 系统，并对大连、秦皇岛、青岛、宁波的 VTS 系统进行了更新和拓展，覆盖了沿海港口大部分重要水域和长江下游的重要航段。2000 年后，随着财政投入的增加，我国 VTS 系统的建设进入爆发阶段。我国现已成为世界上建设船舶交通管理中心最多、监管水域面积最大的国家。

以日照海事局船舶交通管理中心为例，2011 年正式对外运行。截至 2021 年，该中心接收船舶报告超过 139.4 万次，提供信息服务 118.9 万次，安全保障船舶进出港 20.5 万艘次。2011—2021 年间，该中心共接听 12395 水上遇险求救电话超过 1.8 万次，组织、协调海上搜救行动 167 起，成功救助遇险人员 875 人，成功救助遇险船舶 69 艘，辖区水上交通事故数量减少 55%，产生了巨大的效益。

2. 全球海上遇险与安全系统

全球海上遇险与安全系统（Global Maritime Distress and Safety System，GMDSS），是指由国际海事组织提出并实施的用于海上遇险、安全和搜救活动以及常规通信的综合通信系统。（见图3-7）GMDSS的主要功能为遇险报警、通信、寻位定位和播发海上安全信息。

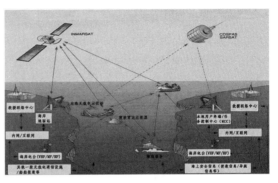

图3-7　全球海上遇险与安全系统

遇险报警是指将遇险信息迅速准确地提供给能够给予救助的单位，主要有船对岸报警、船对船报警、岸对船报警三个方向。船对岸报警是指遇险船舶向岸上救助协调中心报警。船对船报警是指遇险船舶向附近的其他船舶报警。岸对船报警是指岸台向遇险船附近的船舶报警。报警信息中一般包括遇险船舶的识别码、遇险位置、遇险性质和其他有助于搜救的信息。

通信包括搜救协调通信、救助现场通信、公众业务通信。搜救协调通信，即搜救中心与遇险船舶、参与救助的船舶、飞机以及其他单位之间进行的有关搜救的通信。救助现场通信，即在救助现场进行的救助船与救助船之间、船舶与飞机之间、救助船与遇险船之间的通信，这种通信的距离一般都比较近。除此之外，GMDSS还能进行公众业务通信，也就是船舶与岸上管理部门进行有关管理、调度等方面的通信，以及船舶与船东、用户等通信。

寻位定位是指遇险船舶或救生艇发出的一种无线电信号，用于救助船舶和飞机寻找遇难船舶、救生艇或幸存的人员。播发海上安全信息，是指GMDSS还可以发布航行警告、气象预报和其他各种紧急信息，以保证航行安全。

为了实现上述功能，GMDSS一般采用卫星通信和地面通信这两种系统。卫星通信系统包括海事卫星通信系统（INMARSAT）和全球卫星搜救系统（COSPAS/SARSAT）。海事卫星通信系统由空间段、地面部分、移动站三大部分组成。空间段包括卫星、跟踪遥测与控制站和卫星控制中心。地面部分包括地面站（岸站）、网络协调站和网络控制中心。移动站，也称为移动地球站，作为海事卫星通信的最终用户设备，它根据使用用户的不同分为陆用、海用和航空用移动站。全球卫星搜救系统则由示位标、卫星和地面分系统三大部分构成。地面通信系统由MF（中频）/HF（高频）/VHF（甚高频）通信分系统组成，用于不同距离的遇险、紧急、安全和日常通信。

3. 船舶自动识别系统

船舶自动识别系统（Automatic Identification System，AIS）是一种应用于船和岸、船和船之间的海事安全与通信的新型助航系统。（见图 3-8）随着现代水路运输的不断发展，船舶的数量及水域交通密度不断增加，海损事故时有发生，严重威胁船舶航行安全和海洋生态环境。为了改善现在的交通和促进未来交通状况的好转，将事故和灾害发生的可能性降至最低，1992 年开始，国际海事组织、国际航标协会和国际电信联盟等国际组织经过多次研讨，基本确定了船舶自动识别系统的概念、工作频率、系统构成、信息交换方式和系统性能标准，并逐步在国际上推广。2000 年，国际海事组织海上安全委员会第 73 次会议通过了新修订的《国际海上人命安全公约》，其中第五章对强制安装船舶自动识别系统做了规定。

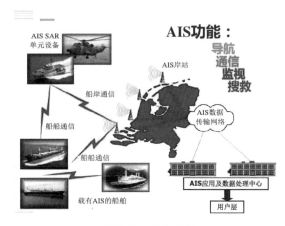

图 3-8　AIS 系统

AIS 通常由 VHF 通信机、GPS 定位仪和与船载显示器及传感器等相连接的通信控制器组成。该系统采用自组织时分多址接入技术，自动广播和接收船舶的动态、静态信息以便实现识别、监视与通信。AIS 的目的是帮助识别船舶，协助进行目标跟踪，简化信息交换，为避免碰撞提供辅助信息等。船员通过正确使用 AIS 设备，能够有效地完成船舶识别和避碰，从而确保船舶的安全。

中国作为国际海事组织的成员国，积极推进船舶配备 AIS。根据相关法律法规，所有 300 总吨及以上的国际航行船舶、500 总吨及以上的非国际沿海航行船舶、所有客船（如有免除的除外）应配备 AIS，200—500 总吨沿海航行船舶、所有港作拖船和参与沿海水上水下施工作业的自航船舶应配备 AIS。

AIS 的应用可以有效保障船舶航行的安全和避免碰撞事故发生，产生了巨大的社会效益。以中国为例，2015 年 2 月 4 日，交通运输部海事局船舶自动识别系统信息服务平台上线运行，AIS 公众服务平台实时发布权威数据，通过船舶实时定位、船舶动态跟踪、船舶轨迹查询等功能为用户提供准确、及时、可视化的船舶位置服务，使用户能够了解船舶密度，查询船舶相关信息，包括船舶实际位置、航速等。平台还开发了方便、快捷的船舶及港口信息和船舶历史轨迹等方面的统计分析功能，可根据用户需求生成统计报表，极大地满足了航运从业者的需求。在面向社会公众提供服务的同时，AIS 公众服务平台依托其互联网访问的特性，不仅向海事内部用户，提供了快捷、高效的监管服务，还通过全面整合各大海事应用系统的实时信息，并将这些信息与船舶实时动态进行关联，全面实现执法信息联动。

4. 海上溢油处置

水运是石油运输的重要运输方式之一，当船舶因为各种因素发生石油泄漏时，会产生一系列危害。一是危害人体健康。石油中含有苯及其衍生物，可以影响人体血液，长期暴露在含该物质的环境中，会造成较高的癌症发病率。二是造成安全隐患。由于石油具有易燃易爆的危险，溢出后对个人安全和公共安全都会产生严重威胁。三是危害海洋生态环境。如海鸟的羽毛被石油覆盖后会致使其不能飞行，并影响其防水和保温功能。当冷水浸透皮肤后，海鸟会因体温过低而死亡。溢油中的有毒物质还会进入海洋生物的食物链，对海洋生态系统造成不利影响。为了减少事故的发生和降低事故危害，各国海事部门和国际海事组织采取了一些必要的措施。

首先是减少由于船员操作失误而产生的溢油事故。国际海事组织制定了《国际船舶安全营运和防止污染管理规则》，通过加强管理来减少或避免船舶溢油事故的发生。其次是减少因船舶结构破损而产生的溢油事故。在国际海事组织和各国的推动下，单壳油船正在被淘汰，双壳油船逐步成为主流。双壳油船具有双层船壳。通常情况下，单壳油船如果船壳破损，货油就会外流。对于双壳油船来说，外壳板破损，若内壳板无损伤，则海水仅流入双壳之间，货油便不会外流，这大大地增加了安全性。再次是许多国家都已制定了国家级和区域级的法律法规及溢油应急计划。以中国为例，在法律法规方面，出台了《中华人民共和国海洋环境保护法》等；在溢油应急计划体系建设方面，2016 年就出台了《国家重大海上溢油应急能力建设规划（2015—2020 年）》。国家、省、市、企业四级构成的分级分类海上溢油应急预案体系基本形成，监视监测能力有效提升，应急清除能力显著增强，应急队伍不断壮大。在 2022 年，中国又出台《国家重大海上溢油应急能力发展规划（2021—2035 年）》，加快构建智能快速、科学高效的现代化海上溢油应急体系。

四、航空运输的中期行动

进入 21 世纪，许多航空运输的组织、企业等为持续推进航空运输的可持续发展，在航空飞机、航空燃料、机场、运营模式等领域进行巨大投入与研究。下面将从更绿色、更安全、更低碳、更高效四个维度详细论述 21 世纪以来航空运输的可持续发展行动。

（一）更绿色

航空运输的绿色行动主要体现在建设绿色机场、研发节能型机型等，以期实现航空运输业的绿色发展。在了解具体行动之前，先整体了解下有关航空运输绿色发展的国内外政策及规划。

2020 年 9 月，世界航空运输行动小组（Air Transport Action Group，ATAG）完成并发布了全球航空业应对气候变化的 2050 路线图报告。ATAG 是航空运输业组织机构和公司组成的联盟，致力于推动航空运输业的可持续发展。该路线图指出，航空业对于气候变化的行动承诺绝不能改变，要在疫情后实现"绿色复苏"，到 2050 年全球航空业二氧化碳排放量要比 2005 年减少一半。在此基础上，再过 10 年左右达到净零碳排放。

对于绿色机场的评价，《IATA 环境评价指南》（*IATA Environmental Assessment Guidance*）和《IATA 绿色航空运输计划》（*IATA Green Aviation Program*）两个国际文件都有明确规定。《IATA 环境评价指南》是 IATA 为了协助机场和航空运输公司评估与识别其环境影响而制定的，包括对绿色机场标准和实践进行评估的一套指导方针。IATA 绿色航空运输办公室是 IATA 成立的一个专门部门，致力于协同机场、航空运输公司制定更加环保和可持续的航空运输生态系统。它融合了全球领先的机场和航空运输公司的理念，发挥其在可持续领域的领导力，制定实现可持续发展的目标，并通过制定政策和标准来支持绿色航空运输的发展。

面对全球性气候改变的现实，中国航空运输业积极响应国际组织的规定，就航空运输的可持续发展做出了相应的行动对策。2022 年 1 月，中国民航局印发《"十四五"民航绿色发展专项规划》，这是中国民航历史上编制的第一部绿色发展规划，以实现碳达峰、碳中和为引领，以实现减污降碳协同增效为总抓手，统筹污染治理、生态保护、应对气候变化，推动民航发展全面绿色转型。此文件提出到 2025 年中国民航碳排放强度持续下降，低碳能源消费占比不断提升，民航资源利用效率稳步提高。到 2035 年，中国民航绿色低碳循环发展体系趋于完善，运输航空实现碳中性增长，机场二氧化碳排放逐步进入峰值平台期，中国成为全球民航可持续发展重要的引领者。该规划还提出了涉及航空公司、机场的 8 个定量预期性指标。

1. 绿色机场

绿色机场一词源自美国"清洁机场合作组织"的"绿色机场行动"。该概念提出后不久，便逐渐为国际社会所熟悉。绿色机场行动旨在帮助机场实现快速发展的同时，为提高环境质量、节约能源和减少与当地社区的冲突所采取的有效措施。其目标不仅是使机场环保，还要用一种可持续发展的方式适应经济增长和创造更宜居的周边环境。

在国际机场理事会（Airports Council International，ACI）亚太区域环境委员会的支持下，ACI 亚太地区分会于 2017 年推出了"绿色机场认证"项目，以表彰在不同环境主题下有突出成就的机场成员。"绿色机场认证"每年聚焦一个独特的主题，并在不同的机场规模、类别中对成员机场授予三种等级的认证，每组别、每等级有且仅有一位机场成员可以获得认证，认证等级由高至低依次为：白金奖（Platinum）、金奖（Gold）、银奖（Silver）。其中，经过认证的优秀机场实践案例还将被收录在《绿色机场认证》一书中并出版。"绿色机场认证"至今已举办 6 届，认证主题按照时间顺序依次为：能源管理（2017）、废物最小化（2018）、绿色机场基础设施建设（2019）、水资源管理（2020）、空气质量管理（2021）与碳排放管理（2022），共颁布 51 次认证，其中中国的ACI 机场成员（包括台湾地区）累计获得 12 次绿色机场认证，包括 5 次白金奖、2 次金奖与 5 次银奖，占认证总数的 23.5%（见表 3-1）。

表 3-1　2017—2022 年国际机场理事会亚太地区分会
"绿色机场认证"中获奖的中国机场名录

年份	认证主题	机场名称	所在地区	认证组别	奖项
2022	碳排放管理	香港国际机场	中国香港	年旅客量 5000 万及以上量级	白金奖
		北京首都国际机场	中国大陆	年旅客量 5000 万及以上量级	银奖
		台湾桃园国际机场	中国台湾	年旅客量 1500 万—5000 万量级	金奖
2021	空气质量管理	香港国际机场	中国香港	年旅客量 2500 万及以上量级	金奖
		台湾桃园国际机场	中国台湾	年旅客量 2500 万及以上量级	银奖
		高雄国际机场	中国台湾	年旅客量 2500 万及以上量级	银奖
2020	水资源管理	台湾桃园国际机场	中国台湾	年旅客量 3500 万及以上量级	白金奖
		高雄国际机场	中国台湾	年旅客量 1500 万及以上量级	白金奖
2019	绿色机场基础设施建设	香港国际机场	中国香港	年旅客量 4500 万及以上量级	银奖
		台湾桃园国际机场	中国台湾	年旅客量 1500 万—4500 万量级	白金奖
2018	废物最小化	香港国际机场	中国香港	年旅客量 3500 万及以上量级	白金奖
2017	能源管理	香港国际机场	中国香港	年旅客量 2500 万及以上量级	银奖

下面介绍几个典型的绿色机场实践案例。昆明长水国际机场位于绿树常青、鲜花常盛的云南。2008 年 12 月 5 日，昆明长水国际机场正式开工建设，建设过程中通过采取自然通风、垃圾无害化、资源综合利用，构建污水处理与水循环系统，实现场内土石方平衡、混凝土骨料就地取材、泥石流河沙资源化利用，优化跑滑系统和使用 GPU 桥载电源减少航空器碳排放，以及提供无障碍服务等工程措施，在节地、节能、减排、降噪、人性化服务等方面均达到一流水平。与传统建筑相比，航站楼有效降低夏季空调能耗达 27.4%，节约照明用电至少 8%，且在钢材使用、污水回收使用以及土地使用方面均体现了绿色节能理念。通过绿色规划，相比同类机场，昆明长水国际机场两条跑道间距优化后节约用地 1875 亩。通过砂石料就地取材，减少异地开采 600 余万立方米的石料，有效地保护了周边生态环境。虽然场区内以喀斯特岩溶地貌为主，地质条件复杂，但通过精心组织研究和实施工程，累计完成 3.2 亿立方米的土石方

填筑，削平山头近百个，实现土石方地势平衡和挖填平衡。通过充分利用优质石料、各种填料合理并就近调配，实现土石方工程场内总体平衡、耕植土"零排放"目标，整个工程没有外调或外弃一方土，创国内土石方工程纪录。通过降低需求能耗、提高供给能效，以及"供需匹配"来降低机场航站楼建筑节能降碳。一方面，推进航站楼分区按需供冷供暖，节约空调制冷制热电费；引入飞行区绿色运行模式，减少航空器滑行距离，提升机场运行效率；开展输水管网漏损报警改造，进行卫生间、绿化喷灌等用水智能化管理，分别节约卫生间用水 27%、绿化节水 12.4%。另一方面，实施智能化作业管理、协同化运维调度以及生命周期式设备管理，以智慧动能运维管理系统，实现设施设备管理从"事后响应"转换为"预测性"管理模式，提高管理效能。2022 年，机场通过开展节能降耗专项工作，建立三级预警机制，实施"绿色低碳机关"建设、电力市场化交易、航站楼分区域运行、旅客捷运系统降幅运行等一系列措施，机场自用水量 134.07 万吨，较 2021 年减少 7.78%；自用电量 7424.26 万千瓦时，较 2021 年减少 5.59%；水电成本较 2021 年减少 491.95 万元。节能降耗专项工作取得了阶段性成果，成为绿色机场建设工作先行先试的成功案例。

2019 年 1 月，江西上饶三清山机场获得了国内首张 EDGE 绿色建筑机场项目认证证书。上饶三清山机场最终是以实现节能 24%、节水 42%、材料节能 38% 的出色表现，超标准满足 EDGE 绿色建筑认证要求。在 2020 年第十一届国际清洁能源部长级会议（Clean Energy Ministerial，CEM）全球能源管理领导奖评选活动中，广州白云国际机场获得"2020 年全球能源管理领导奖·洞察力奖"。这既是白云国际机场在绿色发展领域获得的首个国际奖项，也是 2020 年全球唯一获此殊荣的民航机场。2022 年，ACI 亚太地区分会公布 2022 年度绿色机场表彰项目获奖名单，北京首都国际机场凭借"绿色装配式建筑的应用——零耗能塔台休息室"项目，荣获 5000 万及以上量级组别银奖。此次绿色机场表彰项目的主题为"碳排放管理"，共有来自亚太和中东地区的 12 个机场因在碳减排领域的优秀实践而获奖。ACI 亚太地区分会在其网站上介绍了部分机场的相关实践。北京首都国际机场成为中国首个获得绿色机场认证的成员。其自主研发、设计、建造的绿色节能建筑系统由光伏建筑一体化系统、储能逆变系统、EMS 智慧能源管理系统、高效直流变频 VRV 空调系统、高效新风热回收除霾系统、太阳能热水系统、光伏板智能清扫机器人系统等组成。

此外，在 2022 年度绿色机场表彰项目中，香港国际机场凭借冷气预调系统获得 5000 万及以上量级组别白金奖的最高荣誉。冷气预调系统由香港机场管理局、中华电力有限公司及香港天文台合作研发，2021 年首次在 1 号航站楼投用。该系统每小时收集旅客流量以及气温、湿度、日照强度、云量、风速、风向等天气数据，每半小时收集香港机场用电量数据，并利用大数据分析预测未来 24 小时航站楼所需制冷量，再相应地调节冷气量。系统预测准确率高达 90%，既减少了不必要的能源消耗，也能保证旅客的体感舒适度。据统计，该系统每年可节省约 170 万千瓦时电力，约占制冷机组总能耗的 4%，碳减排量可达 630 吨。香港国际机场是全球首个采用此类制冷需求预测模型系统的机场，该系统也是机场多方协同、运用先进科技实践碳排放管理的最佳例证。由于安装冷气预调系统不需要对现有设备进行改造，且初始投资成本相对较低，香港国际机场计划在其他航站楼也应用该系统。

新加坡樟宜国际机场被誉为全世界最绿色的机场，建设耗资折合人民币 85 亿元。机场被修建成了一个奇幻的"森林乐园"，绿意葱茏，轰隆的大瀑布飞流直下，清新的空气混杂着草木的香气，轨道列车在空中往返穿梭，仿佛在穿越深藏于原始森林里的时光隧道。此外，新加坡樟宜国际机场通过优化航站楼空调系统的空气处理设备（AHU），提高能源使用效率，实现碳减排。AHU 是集中式空调系统的关键部件，安装有换气风扇，可将室外的新鲜空气经过过滤和集中冷却送至航站楼内。樟宜国际机场工程团队通过对空调系统的定期巡检发现，与传统交流风扇相比，电子换向风扇（EC 风扇）效率更高，更不易受单点故障影响且更易于维护。此外，传统交流风扇占用空间较大，产生的气流不均匀。而 EC 风扇使用的组件和材料较少，仅需交流风扇一半的空间，并且产生的气流均匀，气流量比传统交流风扇大 15%，能源消耗却比传统风扇低 25%。樟宜国际机场于 2020 年在 3 号航站楼的 7 台 AHU 中试安装了 EC 风扇，因为效果良好，之后又在 1 号、2 号和 3 号航站楼全面推广使用，冷气可覆盖至中转区的高顶区域和机场快轨站台。

另外，在绿色机场的建设上，还有几个国际机场表现突出。巴林国际机场 2021 年扩建的新航站楼工程项目总投资 11 亿美元，占地面积 20.1 万平方米，每年可接待旅客 1400 万人次。该航站楼获得了美国绿色建筑委员会颁发的领先能源与环境设计（LEED）金级认证，是巴林最大的绿色建筑。航站楼采用了建筑管理系统（BMS），可根据需求变化控制暖通系统、照明系统等相关设备。航站楼的一体化遮阳方案适用于所有季节和不同方向的外立面，高效的冷却系统可实现 23% 的能源回收。此外，航站楼的建筑围护结构气密性高，建筑材料热透射率较低，避免了潜在的热桥效应。巴林国际机场新航站楼与传统航站楼相比，可减少 25% 以上的能源消耗，相当于每年减少 1.26 万吨二氧化碳的排放。

阿联酋沙迦国际机场，拥有 ACI 机场碳认证计划的 3＋级碳中和认证，是获得碳中和认证的首个海合会国家机场、第二个中东地区机场。沙迦国际机场于 2016 年制订了碳管理计划，并开展了能源审计。根据审计结果，机场 75% 的碳排放直接来自电力消耗，28% 的能耗用于照明系统。沙迦国际机场因此实施了一系列能源优化改造项目，其中包括更换占能耗主要份额的照明和制冷系统。自 2017 年起，沙迦国际机场相继实施了 40 多个照明系统更换项目，使用 LED 节能灯替换原有的卤素灯和荧光灯。其中，货站照明项目是最为成功的项目，每年可节电 61.78 万千瓦时，实现碳减排 263 吨。货站照明项目不仅减少了能源消耗，还将照明覆盖范围扩大至货站内 5 个额外区域，照明亮度提高了 1 倍以上。沙迦国际机场于 2017—2020 年实施的一系列能源优化项目，使机场能耗从 2017 年的 4789.4 万千瓦时减至 2020 年的 3917.4 万千瓦时，碳排放量从 3.24 万吨减至 1.67 万吨。

2. 节能机型

飞机的机型也会影响飞行的能耗，因此节能机型的研发也是航空绿色发展的重要一环。波音 787、空客 350 是现役能耗效率最高的飞机，空客 A350 则最省油。根据空中客车公司发布的信息，空客 A350 的耗油量与其他机型相比，每个座位每千米成本低 25%，号称目前全球最省油的飞机。A350 在机翼设计上，可以根据飞行状况改变形状，降低油耗。为应对空客 A350 等竞争机型的挑战，波音公司研发 777X 后继型飞机，采用全新的折叠式翼尖段设计，这在大型民用客机尚属首次。折叠式翼尖段设计可以使翼展增大 6 米，使机翼获得更加理想的性能，使飞机获得最大的效率。波音 777X 大规模应用波音 787 飞机项目开发的新一代客机创新技术和其他当前最先进的技术系统，包括先进气动力复合材料机翼，GE9X 先进发动机和层流短舱，新的混合层流控制机翼—机身整流罩，新一代驾驶舱综合航电系统和电传操纵系统，全新内饰系统等。

波音 777X 树立了双通道宽体客机在客机技术、飞行性能、使用性能、舒适性、可靠性的新标准，且相比竞争机型，油耗降低 12%。首架波音 777XF 将在2027 年交付给首发客户卡塔尔航空公司。

2020 年 9 月 7 日，荷兰 Flying-V 翼身融合飞机概念缩比验证机在德国成功首飞。首飞验证机重 22.5 千克，翼展 3.06 米，长度 2.76 米。该机通过无线电链路控制，由代尔夫特理工大学博士生南多·范·阿纳姆担任无人机操作员。该机两个 4 千瓦的电动"涵道风扇"发动机由一个 6 千克的锂聚合物电池提供动力，飞机由一对后置涡扇发动机提供动力。Flying-V 概念方案采用 V 型设计，将客舱、燃料舱都放在机翼里，设计团队还设计了一个椭圆形的加压机舱。Flying-V 的发动机位于机翼的上方和后方，发动机进气口仍位于机翼的后缘上方，发动机位于乘客舱后面，降低了机舱噪声。与 A350 飞机相比，该机型的燃油效率提高了 20%；与传统飞机相比，其气动效率提高了约 15%。

（二）更安全

安全是交通运输系统竞争力与可持续发展的关键因素，是航空运输的生命线。航空运输是各种交通方式中对运行安全要求最高的行业。航空运输从构建各类安全框架、应用辅助驾驶技术等方面不断提升自身的安全性。

IATA 于 2003 年启动国际运营安全审核计划（IATA Operational Safety Audit，IOSA）项目。在一系列航空事故之后，IATA 决定采取措施，确保全球所有航空公司的安全标准和管理水平符合国际标准，并推进全球航空公司的安全文化和安全风险管理。为此，IATA 开发了 IOSA 审核程序，审核的内容覆盖入口大厅、货运、地面支持设施、飞行操作、飞机维护和管理等各方面，并维护了一份含认证航空公司的全球注册表。IATA 要求其成员必须在 2007 年底之前通过 IOSA 认证。此项认证的有效期为 2 年，过期须重新进行审计。IATA 指出，自创办至今已进行超过 570 次审计，共有 214 家航空公司完成 IOSA 注册。通过审计，IATA 向 350 家航空公司提出了改进方案并要求它们进行实施，由此提高飞行安全系数；另外，IATA 通过降低了代码共享的冗余，帮助航空公司大幅削减成本。

IATA 于 2008 年推出的地面运行安全性审核计划（IATA Safety Audit for Ground Operations），旨在评估和审查航空公司的地面运营流程和程序，确保其满足国际标准和最佳实践，并提高全球地面服务的安全性和效率。该审核计划的评估内容包括货运、行李、机场管理、地勤机构、载运单位以及地面可靠性等方面，主要考虑安全、环境、健康等方面的风险管理。审核结果是一个面向航空公司和保险公司的系统性报告，包括实地检查和记录检查。地面运行安全性审核计划的推出，可以帮助航空公司提高地面服务的安全性和效率，从而减少事故和损失，并推动了全球航空公司地面服务的标准化和规范化。

国际航空运输协会的事故分类技术小组（Accident Classification Technical Group，ACTG）统计了 2015—2020 年全球范围内的航空事故率变化趋势（见图 3-9），可以看出，航空运输行业事故率整体呈下降趋势，且 IATA 会员的事故率小于全行业的事故率。

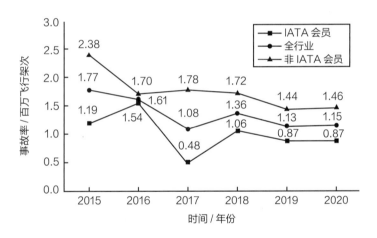

图 3-9　2015—2020 年全球航空事故率情况

国际航空运输协会于 2020 年发布了与新冠疫情有关的框架，为全球航空业提供指导和支持，帮助航空公司应对疫情并确保运营的安全和可持续性，在健康与安全、运营控制、人员培训、数据收集与信息共享等方面进行具体约束。该框架是 IATA 在疫情期间发布的指导性文件，旨在帮助航空公司在复杂的形势下制订计划，应对疫情对航空业的影响，并确保航空服务的安全性和可持续性。

1. 安全管理体系与模式

安全管理体系（SMS）是指管理安全的系统做法，包括必要的组织结构、问责制、责任、政策和程序。根据国际航空运输管理协会的要求，航空公司必须满足所有有关安全标准，同时还需要考虑高空温度、风速以及飞机属性的影响，确保航空公司的安全性。SMS 是国际民航组织提出并要求各缔约国实施的系统性安全管理理念和做法，包括必要的组织结构、安全生产责任制、政策和程序。SMS 以安全风险管理和安全绩效管理为核心，将事前管理、过程管理、系统管理、规章符合性基础上的绩效管理等理念融入体系建设组成部分和要素，通过安全数据的收集和分析，持续监测和评估组织的安全状态，控制组织的安全风险，促进安全绩效水平和管理质效的提升。SMS 丰富了民航安全管理的理论体系和实践做法，是当前民航生产经营单位安全管理的有效工具。

为促进航空运输进行安全生产，中国已实施了《通用航空安全保卫规则》（2022）、《民用航空安全管理规定》、《民用航空安全信息管理规定》（CCAR396-R3）、《民用航空器事故和飞行事故征候调查规定》（CCAR395-R1）等法规。其中保障航空运输的关键有以下四个方面：一是完善安全管理制度，加强对机场及航空公司安全管理制度的完善，建立完善的安全管理制度和安全检查制度。二是实施严格的安全监管措施，加强机场及航空公司安全监管，对机场及航空公司的安全运行情况进行监督检查。三是提高机组人员的安全意识和技能水平，不断加强机组人员的安全意识，提高机组人员的技能水平，使其能够及时发现和处理各种安全隐患。四是完善售后服务，加强机场及航空公司的售后服务，及时解决旅客的各种安全问题，保障民航旅客的安全出行。

2. 自动驾驶飞行器

自动驾驶飞行器有利于减少人为操作失误，提高飞行安全。根据美国波音公司对 1959—2013 年，最大起飞重量 6 万磅（约 27.2 吨）以上国际商用飞机的飞行事故进行的统计，人为因素相关事故所占比例持续增大，从早期的 30%—40% 逐步上升到 70% 以上，装备和环境因素相关事故所占比例从早期的 60%—70% 逐步下降到 30% 以下。根据近年的统计，飞行事故中人为因素所占比例最大，全世界民航事故中人为因素占 75%。为应对减少人为因素的影响，实现航空运输的可持续发展，自动驾驶飞行器是解决这一问题的重要技术，其中由中国航空工业集团下属中航工业第一飞机设计研究院研制的 TP500 无人运输机具有一定的代表性。

TP500 无人运输机是指一款通用型大载重无人运输机，同时也是首个完全按照中国民航适航要求研制的大型无人运输机。它能够满足 500 千克级标准载重，且能实现 500 千米半径范围的无人驾驶航空货运覆盖，最大的航程为 1800 千米。TP500 无人运输机是中国首架正向设计的固定翼无人驾驶运输机，整机主要采用复合材料设计制造，采用先进的胶接一体化工艺装配连接，最大限度地减轻结构重量并降低了生产成本；独创了可开启的尾部舱门，便于大件货物装卸，货舱空间达 3.3 立方米；同时具备轻量化货盘，可根据货物种类配置 2—3 块货盘。所以，TP500 无人运输机具备了更好的经济性，吨千米运输成本可与现有干线货机媲美。2022 年 6 月 18 日上午，TP500 无人运输机实现首飞，为航空货物安全运输减少了人为因素的影响，提高了航空运输可持续发展的可能。

3. 自动驾驶仪

自动驾驶仪（autopilot）是指按技术要求自动控制飞行器轨迹的调节设备，其作用主要是保持飞机姿态和辅助驾驶员操纵飞机。自动驾驶仪是用来稳定与控制飞机角运动和重心运动的一种飞行自动控制系统，它可按照驾驶员的意图稳定（或保持）飞机的飞行状态，也可接收操纵台的各种指令信号。目前，自动驾驶仪正朝综合化多功能方向发展。

英国为贝尔 407GXi 客户提供三轴自动驾驶仪系统，该系统能减轻飞行员的工作负担，并在直升机误入仪表气象条件（IIMC）时提供帮助，为长途飞行增加安全保障。贝尔 407GXi 三轴自动驾驶仪提供两轴和三轴两种配置。两轴版本支持俯仰控制（高度保持、IAS 保持）和滚转控制（HDG 保持、NAV、垂直导航模式）。三轴版本增加了偏航控制，还配备稳定性增强系统，在不良横滚或俯仰情况下自动将飞机恢复到接近平飞状态。此外，系统还配备整个飞行阶段生效的辅助稳定系统、防止超速和失速的包线保护系统。贝尔 407GXi 的新老客户均可选装或加装自动驾驶系统。根据贝尔公司的介绍，其自动驾驶仪能够高效辅助人类驾驶，同时减少因气候因素的影响而造成的航空运输安全问题。

（三）更低碳

低碳是在应对全球气候变化，对人类生存和发展带来严峻挑战的大背景下提出的，其目标是减少以二氧化碳为主的温室气体排放。2016 年 9 月，国际民航组织通过了一项历史性的低碳航空条约（Carbon Offsetting and Reduction Scheme for International Aviation，CORSIA），这是全球首个针对航空业温室气体排放的气候协议。CORSIA 旨在通过实现碳中和减少航空业的碳足迹，全面解决这个行业的温室气体排放问题。CORSIA 框架旨在减少航班排放的碳氧化物，并确保其对气候变化的总体影响为零。该框架将建立一个比现有的碳市场更为广泛的机制，其中大部分的国际航空公司都参与其中。2019 年，CORSIA 开始实施第一阶段，要求所有受影响的国际航班应该通过在 2020 年和 2021 年间实现数字化记账方式而生产的碳学分，逐步实现碳排放的峰值。中国政府在 2016 年发布了"绿色航空计划"，旨在推动中国航空业实现绿色、低碳、可持续发展。同时，一些先进的航空公司也在自主研发和推出低碳航空技术，并实践一些行之有效的碳排放减少方法，以减轻航空业对全球气候变化带来的影响。下面将从可持续航空燃料、氢能源采用、电能应用三方面介绍航空运输的低碳行动。

1. 可持续航空燃料（SAF）

在一系列实现航空业低碳方案中，SAF 具有巨大潜力，相较于传统的化石燃料，SAF 燃料从原材料收集到最终用户使用的整个过程中产生的碳排量最高可减少 85%。SAF 在原料、加工和运输过程中都能实现低碳环保。在原料端，SAF 以废弃油脂、藻类、农林废弃物、非粮食性作物、城市固废等可再生物质为原材料。在加工端，由于这些生物质原料中的颗粒杂质和硫化物含量低，提取过程中产生的污染相对较小。SAF 在技术上已经相对成熟，能够与煤油完全混合，目前最高比例可达 50%，且不需要对飞机或发动机进行任何改装，对于飞行运行、安全和飞机维护没有任何影响，随时可用。

2001 年，国际民航组织正式批准了可持续航空燃料，并制定了 SAF 相关的标准和规定。为了减少航空领域的碳排放和对环境的影响，国际民航组织开始着手研究并推广可持续航空燃料。航空运输行动组织（ATAG）的研究表明，到 2050 年，全球 90% 的航空燃油将被 SAF 取代。2009 年，国际民航组织确定了 2020 年之后全球民用国际航班的净碳排放量不超过 2020 年水平的目标。国际民航组织制定的可持续航空燃料标准主要包括合规性确认、生物质资源、减排试行、协调支持、市场促进和操作指南等方面的准则。这些标准的颁布在一定程度上促进了 SAF 的研发和应用，为航空领域的可持续发展奠定了基础。

2011 年，美国国家航空航天局（NASA）与加州理工学院合作，开展了航空领域的可持续能源研究，其中包括 SAF 的研究和合成。美国国家航空航天局和加州理工学院利用生物质资源，开发出一种基于甘油的可持续航空燃料，原料主要来源于用油菜籽油提取物生产的甘油。与传统的化石燃料相比，这种基于甘油的燃料可以减少高达 80% 的碳排放，而且其性能和可靠性与化石燃料相当。这种基于甘油的可持续航空燃料得到了航空运输企业和政府的广泛认可和应用。

2011 年 10 月，中国国际航空股份有限公司成功加入可持续航空生物燃油用户组（Sustainable Aviation Fuel Users Group，SAFUG），与其他成员一道，支持利用环保、无负面社会影响的原料提炼生物燃油，并推进其商业化使用，以降低所使用燃油的总体碳强度。

2019 年，国际民航组织通过了第 2 版全球可持续航空燃料指南，定下了关于 SAF 的生产、质量和使用等方面的准则。同时，美国联邦航空管理局也发布了 SAF 的适航标准，主要涵盖油料性能、可持续性、燃料证书和生产管理、燃料质量以及燃料后效应等方面的要求。这个标准帮助航空公司确定和评估 SAF 的可靠性和安全性，促进了 SAF 的商业化和推广。这两项重要标准的发布，加速了 SAF 的应用和推广，在全球可持续航空燃料产业链的各个环节，保障和促进着 SAF 的生产、质量和应用的规范和标准化。

2021 年 11 月 4 日，图卢兹空中客车、达索航空、法国宇航材料研究局（ONERA）、法国交通部和赛峰集团发起了在单通道飞机上使用非混合可持续航空燃料的首次飞行研究。一架配备 CFM LEAP-1A 发动机的空客 A319neo 测试飞机于 10 月 28 日在图卢兹地区使用了 100% 的可持续航空燃料并完成了飞行测试。

2022 年，中国在《"十四五"民航绿色发展专项规划》中提出，要深入实施低碳发展战略，推动可持续航空燃料商业应用取得突破，力争 2025 年当年可持续航空燃料消费量达到 2 万吨以上。2022 年 5 月，中国石化镇海炼化油脂加氢路线生物航煤产品通过可持续生物材料圆桌会议（Roundtable on Sustainable Biomaterials）认证，成为亚洲第一家获得该认证的企业，将推动中国自主研发和生产的生物航煤走出国门，打开国际应用市场。其实，中国在 2001 年就开始部署生物柴油新技术的研发工作，在 2013 年、2015 年、2017 年相继完成首次技术试飞、首次国内商业航班应用和首次跨洋国际航班应用，中国成为继美国、法国、芬兰之后第四个拥有生物航煤自主研发生产技术的国家。

面对未来强劲的市场需求，SAF 的供应端目前还有巨大的缺口需要填补，面临着酯类原材料分布分散，收集成本高，产能有限，不能稳定供应等问题。SAF 的产能提升是关键，需要靠供给侧发力。据 IATA 估计，SAF 将会为航空业实现 2050 年净零排放目标贡献约 65% 的减排量。

2. 氢能源

氢能源是指利用氢作为燃料，通过与氧反应产生电能的能源形式。由于氢能源能够高效清洁地转化为电能，并且产生的唯一排放物是水蒸气，因此被认为是可以为航空运输提供低碳能源的选项之一。2020 年，空客公布了三款 ZEROe 氢动力概念机，目标是在 2035 年前开发出全球首款零碳排放商用飞机。三款 ZEROe 氢动力概念机分别是使用涡轮风扇发动机的 1 号概念机、使用涡轮螺旋桨发动机的 2 号概念机以及带混合翼（BWB）的 3 号概念机，其中 1 号概念机通过 2 个混合氢涡轮风扇发动机提供推力，其液氢储存与分配系统位于压力舱壁后；2 号概念机由 2 个混合氢涡轮螺旋桨发动机驱动八叶螺旋桨提供推力，其液氢储存与分配系统同样位于压力舱壁后；3 号概念机的超宽内部空间则为氢的储存与分配提供了多种选择，其液氢储存罐存放在机翼下方，通过 2 个混合氢涡轮风扇发动机为其提供推力。

2021 年，空客开始在各地建立空中客车零排放发展中心（Airbus Zero-Emission Development Centre，ZEDC），目的是设计和制造低温储罐。2022 年，雷神技术公司宣布其旗下一款支线混合动力飞行验证机的发动机已经完成首次运行，这为未来验证机的飞行测试奠定了坚实的基础。

氢较低的密度及严苛的储存温度限制了氢动力飞机的面世。氢需要冷却到 −252.87℃ 才可在大气压下处于完全液态，在此环境下氢的密度为 70.8 千克/立方米，煤油的密度却高达 800 千克/立方米。对于相同能量的燃料，储存液态氢所用的加压燃料箱体积约为常规飞机油箱的 4 倍。特别是在远程飞机方面，燃料箱尺寸过大，无法安装在传统飞机的机翼内，需采取异常庞大的机身或大型机翼设计，且燃料箱必须广泛绝热并增压。这些要求使氢动力远程飞机需要采取革新式设计，短期内无法明晰应用前景。在可预见的技术前景下，氢燃料电池系统能提供的功率相对有限，难以支持中远程飞机的飞行。因此，氢动力飞机更适合支线、区域、近程和中程运输飞机。比较两种氢动力系统，氢燃料电池系统较燃氢涡轮发动机系统的能源效率更高，而且氢燃料电池系统避免了氢与空气燃烧引发的氮氧化物排放，在飞行过程中可实现绝对零排放。因此，对于通勤和支线飞机来说，氢燃料电池是最节能、环保和经济的选择。虽然氢能源作为低碳能源的候选之一，但它当前仍然需要进一步的技术研究和实践来提高效率和降低成本，并确保安全。

3. 电能使用

航空运输是目前全球温室气体排放的主要来源之一，因此航空业需要寻找各种方式来减少碳排放，其中推广电能使用是一个有效的低碳方案之一。航空公司可以通过使用电能技术，如电池、电动发动机和电推进系统来减少对化石燃料的依赖，减少在地面和飞行中的碳排放量。此外，电动技术还可以提高飞机效率，降低航空运输成本，同时还可以减少飞机排放的噪声和污染物。

电能在航空领域的应用还处于起步阶段，但已经有一些商用的电动飞机在市场上推出。2021 年 11 月 1 日，飞行员加里·弗里德曼驾驶电动飞机成功飞越新西兰库克海峡。2021 年 10 月，巴航工业旗下 Eve 与航空管理服务公司 Avantto 签署一份意向书，双方宣布将建立合作伙伴关系，共同开发拉丁美洲城市空中交通（UAM）生态系统。合作包括订购 100 架 Eve 电动垂直起降飞机（eVTOL），并共同在巴西和整个拉丁美洲发展 eVTOL 业务，飞机交付预计将于 2026 年开始。以人为本的零排放、低噪声垂直起降飞机设计代表了 Eve 简单直观的设计理念，推动着 Eve 持续创造新的发展里程碑。尽管推广电能技术是一个有效的低碳方案之一，但是电动航空技术仍然存在一些挑战。例如，目前的电池技术尚不能满足大型商用飞机的要求，特别是远程飞行需求。电动飞机的成本也比较高，一些技术和基础设施上的限制也阻碍了其广泛推广和运用。

综上所述，对比可替代航空燃料能源的实现路径（见表 3-2），我们发现可持续航空燃料使用的基础设施和传统燃油航空有高度重合的地方，对航空公司进行技术升级和实践来说相对容易些。综合来看，可持续航空燃料在基础设施和技术上的成熟度上有优势，电动化和氢能化则需进一步解决电池技术和氢能储存技术方面的问题。推进航空运输使用可持续航空燃料的占比，持续投入对电动化、氢能化的研发，实现对关键技术问题的突破，这三个领域的技术创新都将在未来航空业的发展中扮演着重要角色，加速航空业实现低碳发展。

表3-2 低碳航空燃料实现路径对比

	电能应用	氢能应用	可持续航空燃料
飞机改造程度	适中改造	较多改造	微调
适用航线	短途航线	中长途航线	皆可
实施难点	①电池性能和动力输出受限 ②公众对电动飞机的信心 ③基础设施的建设	①储存技术的限制 ②关键组件的可靠性和安全性	①产能不足 ②生产成本较高

4. 机场碳排放认证

机场碳排放认证（Airport Carbon Accrecitation，ACA）始于2008年，由国际机场理事会推出，是唯一获机构认可的机场碳管理认证标准，可以独立评估各机场的减碳工作。ACA认证致力于减少机场运营过程中碳排放，最终目标是实现碳中和。ACA认证是机场行业中影响力最大的碳排放认证。2015年巴黎气候大会上，联合国气候变化框架公约与ACI签署合作协议，进一步通过ACA来增强全球机场在碳减排方面的推进。

机场碳排放认证于2009年由ACI欧洲地区分会在欧洲推出，2011年成立ACI亚太地区分会认证项目，并于2014年底扩展到全球所有ACI地区，成为全球唯一一个自愿性的全球机场碳管理标准。ACA将机场分为六级，分别对应不同的碳排放管理阶段，由低到高依次为第一级（碳定位）、第二级（碳减排）、第三级（碳优化）、第三级＋（碳中和）、第四级（碳转型）、第四级＋（碳转化），并提供了一个可量化的、完整的审查与认证框架。

截至2022年8月，ACI亚太地区分会共颁布亚洲地区碳排放认证机场64个，其中包括9个一级、18个二级、26个三级、5个三级＋、4个四级、2个四级＋，中国地区碳排放认证机场占总认证机场数的12.5%（见表3-3）。总的来说，2022年中国机场大多仍处于刚迈进三级认证的门槛，距离四级及以上的认证还有进一步提升与完善的空间。

表 3-3　国际机场理事会亚太地区分会"机场碳排放认证"
中国地区机场名录

机场名称	所在地区	机场碳排放认证等级
成都双流国际机场	中国大陆	三级
广州白云国际机场	中国大陆	三级
深圳宝安国际机场	中国大陆	三级
台湾桃园国际机场	中国台湾	三级
高雄国际机场	中国台湾	三级
香港国际机场	中国香港	三级
澳门国际机场	中国澳门	二级
郑州新郑国际机场	中国大陆	一级

（四）更高效

下面将从提高能耗效率、运输优化、航线优化三个方面介绍航空运输的更高效行动。

1. 提高飞机发动机能耗效率

提高航空运输业的能耗效率主要体现在提高发动机的能耗效率，各国均积极投入研发，其中最具有代表性的是 GE 航空集团为重塑"未来航空"而打造的革命性创新项目——RISE（Revolutionary Innovation for Sustainable Engines）项目。2021 年 6 月 GE 航空集团与赛峰集团正式宣布启动 CFM 国际公司的 RISE 项目，通过研发开式风扇架构、混合动力系统以及由 300 多个独立组件、模块构成的完整发动机架构等一系列全新颠覆性技术，推动发动机技术的创新与发展。与目前民航的涡扇发动机相比，开式风扇架构没有风扇机匣，风扇置于发动机短舱之外。CFM 国际公司的 LEAP 发动机相较于其早期生产的 CFM56 系列发动机，在油耗和碳排放上减少了 40%，比波音 737NG 使用的 CFM56-7B 发动机，在油耗和碳排放上减少了 15%。空客 A320neo、波音 737MAX 以及中国商飞国产大飞机 C919 都选择使用 LEAP 发动机。

　　航空推进系统的历史演进表明，实现各项效率指标的突破关键在于使用了更大尺寸的风扇。这一设计增加了涵道比，提升了发动机的推进效率，从而降低油耗。RISE 项目的目标，是要通过开式风扇架构，验证研发出较 LEAP 发动机再减少 20% 以上油耗和碳排放的技术。开式风扇发动机与涡轮螺旋桨发动机虽然在外形上有些相似，实则全然不同。以开式风扇架构为基础的新一代 CFM 发动机，能提供与当前涡扇发动机相当的速度（可达 0.8 马赫）与噪声水平。速度方面，开式风扇架构通过进一步增加风扇直径来提升效率。经 RISE 项目验证，风扇直径或达 4 米，甚至超过宽体客机发动机 GE9X 的 3.4 米风扇直径。为保障风扇叶片的安全，不影响飞机安全，RISE 项目将采用复合材料（碳纤维复合）制作的风扇叶片。自 1995 年以来，复合材料叶片已先后应用在 GE90、GEnx、LEAP 和 GE9X 发动机上，累计飞行 1.4 亿小时，且这些复合材料叶片没有寿命限制。RISE 项目已经进行了几次试验台测试，CFM 国际公司于 2020—2030 年中期进行完整的验证机地面和飞行试验。

　　2. 联合运营

　　航空公司间的 joint venture，并非我们通常理解的合资企业，而是指联合经营或运营，比较贴近的解释应当为"联合运营"。"joint venture"通俗地讲，就是联合经营或合伙共享航线网络、共同营销、共担风险，以获取更好的收入和利润，其形式有多种，有时候又叫"a joint venture deal"。参与联合运营的各公司可以统一的品牌、标准对外提供服务，从而扩大联盟和各公司的市场份额与收入。联合运营可以说是航空公司战略联盟的一部分。联合运营能够最大化利用资源，提高飞机乘坐率，降低因调度、低入座率等问题带来的运营成本。

　　目前世界有三大航空联合运输同盟（见图 3-10），同盟成员之间的运输服务可以共享共通。第一个是星空联盟（Star Alliance），成立于 1997 年，总部位于德国法兰克福，是第一家全球性航空公司联盟。它将航线网络、贵宾候机室、值机服务、票务及其他服务完美融合，无论客户位于世界何处，都可以获得舒适的旅行体验。星空联盟自成立以来发展迅速，航线涵盖了 192 个国家和地区以及 1330 个机场，拥有 26 家正式成员，包括加拿大航空、中国国际航空、印度航空、新西兰航空、爱琴海航空、全日空航空、韩亚航空、奥地利航空、哥伦比亚国家航空、布鲁塞尔航空、巴拿马航空、克罗地亚航空、埃及航空、埃塞俄比亚航空、长荣航空、波兰航空、汉莎航空、北欧航空、深圳航空、新加坡航空、南非航空、瑞士国际航空、葡萄牙航空、泰国国际航空、土耳其航空、美国联合航空。

图 3-10 三大航空联合运输同盟标志

第二个是天合联盟（SKYTEAM），由多家航空公司组成的国际航空服务联盟。2000 年 6 月 22 日，法国航空公司、达美航空公司、墨西哥航空公司和大韩航空公司联合成立"天合联盟"。天合联盟每日航班达 16270 个架次，航线目的地达 1150 个，通达 175 个国家和地区，会员包括俄罗斯航空、墨西哥国际航空、欧罗巴航空、法国航空、意大利航空、中国东方航空、捷克航空、达美航空、肯尼亚航空、荷兰皇家航空、大韩航空、罗马尼亚航空、越南航空、沙特阿拉伯航空、中东航空、阿根廷航空、厦门航空、印度尼西亚鹰航空等。天合联盟航空会员来自世界各大国家，中国成员有中国东方航空、厦门航空等。

第三个是寰宇一家（Oneworld），是 1999 年 2 月 1 日正式成立的国际性航空公司联盟，其成员航空公司及其附属航空公司在航班时间、票务、代码共享（共挂班号/共享班号）、乘客转机、飞行常客计划、机场贵宾室以及降低支出等多方面进行合作。成员包括美国航空、英国航空、马来西亚航空、澳大利亚航空、芬兰航空、日本航空、国泰航空、西班牙国家航空、卡塔尔航空、约旦皇家航空、S7 航空、斯里兰卡航空等航空公司。

除航空公司之间的联合运营外，不同运输方式之间的联合运营也成为推动交通发展的行动之一。2012 年"空铁通"产品上线后，实现了上海铁路局管辖内的安徽、江苏、浙江、上海这"三省一市"的主要城市的高铁、动车组列车与东航航班的双向联运。其中，率先实现苏州、无锡、常州和宁波等 4 个城市与上海虹桥和浦东两大机场的东航航班的空铁双向衔接联运服务。2022 年 8

月，由中国东方航空与中国国家铁路两家公司联合打造的"空铁联运"产品已在东航 App 全新上线，其网络范围覆盖 41 个枢纽城市，通达全国 645 个火车站，实现了东航航班与 1113 个火车段双向联运，"空铁联运"网络已基本覆盖全国。尽管软硬件设施持续升级，但当前中国"空铁联运"只是实现了一站式订票，在运输流程、服务标准、安检互认等方面尚未实现统一，对运输责任的界定也不够明确，综合交通协同效应仍有待提升。

3. 优化航线设计

飞机飞行的路线称为空中交通线（以下简称航线）。飞机的航线不仅确定了飞机飞行的具体方向、起讫点和经停点，而且还根据空中交通管制的需要，规定了航线宽度和飞行高度，以维护空中交通秩序，保证飞行安全。优化飞行航线需要充分利用现代科技手段，包括 GPS、虚拟飞行路径规划软件、智能驾驶辅助系统以及大数据分析等。这些技术可以协调各种因素，提高运输效率，扩大运输范围，并减少航空运输的成本和环境污染，推动航空运输行业的可持续发展。

虚拟飞行路径规划软件可以根据航班的具体情况，如气象条件、航班运营计划等因素进行智能规划，支持最短距离、最短时间等模式的航线规划。这不仅提高了飞行效率，也提高了航行的安全性。应用大数据分析技术可以对历史数据和天气、机场情况等多种因素进行分析和挖掘，为航班规划和调整提供精细化的依据，减少出现不必要的误差。将数据转化为实际应用可以提高运输效率、优化航线设计并降低运营成本。

美国国家航空航天局研发了一款软件 *Traffic Aware Planner*（TAP），来帮助航空公司减少油耗、碳排放和飞行时间。这款软件可以装在平板电脑上，装上就能用，不需要对现有飞行员和地面人员的工作职责做任何改动。它的原理是读取飞机当前的位置，结合飞行轨迹，寻找可替代的、更节约时间和金钱的路线。TAP 不但可直接连上飞机的航电信息枢纽中心，还可连接广播式自动相关监视系统（ADS-B），可自动监测附近的航班，以确保新申请的航路没有碰撞危险。此外，TAP 可以接入实时信息，如实时天气情况和风力预测等，这也有助于进一步提高飞行效率。

五、管道运输的中期行动

进入 21 世纪，许多管道运输的组织、企业等为持续推进管道运输的可持续发展，在管道材料、运营、管理等领域进行了研发与行动。下面将从更高效、更安全、更低碳三个维度详细论述 21 世纪以来管道运输的可持续发展行动。

（一）更高效

1. 智能管道

智能管道是一种基于计算机和通信技术的管道系统，能够实时监测管道内的温度、压力、流量等参数，并根据这些参数自动控制管道的运行，从而实现管道的智能化管理。智能管道的出现，大大地提高了管道的安全性、稳定性和效率。智能管道主要应用了智能调度系统和智能计量系统。智能调度系统能根据实时数据和预测模型，动态调整管道输送参数和方案，实现管道的最优化运行和管理。利用智能计量系统可以对管道中的输送物质进行精确的计量和分配，能提高管道的输送精度和效率。

2015 年 4 月 3 日上午，当胜利油田临淄原油库员工刘东打开 L3 进油阀时，东营原油库的第一批胜利原油经过 47 小时的迁移，开始源源不断地流入 1 号罐，这标志着中国石化第一条智能管道——新东辛输油管道工程的成功投产。新东辛输油管道是胜利油田至齐鲁石化公司的主要管道，北起东营原油库，南至临淄原油库，途经东营市东营区、广饶县及淄博市临淄区等地，全长 88.3 千米，直径 610 毫米，设计压力 5 兆帕。作为中国石化第一个智能化管道项目，新东辛输油管道与原东辛输油管道相比，具有输油量大、环保节能、泵效高、智能化程度高等多种优势。主管道经过的饮用水源处有 4 个新的关闭室，可以在紧急情况下关闭，管道的监测系统可以检测到每小时不到 2 立方米的泄漏，防止大规模的环境污染。同时管道的主要通信方式为光缆，能够快速稳定地传输日常生产数据。

2. 地下综合管廊

地下综合管廊是指在城市地下用于集中敷设电力、通信、广播电视、给水、排水、热力、燃气等市政管线的公共隧道。在地下综合管廊中，市政管线有序放置，科学管理，不仅极大地方便市政管线的维护和检修，还能有效地利用道路下的空间，节约城市用地，美化城市环境。

新加坡推出滨海地下管廊计划是在 2001 年，为解决城市发展中日益严峻的地下空间利用问题而计划建设一个综合性的地下管廊网络，以集成市政设施，提高城市的韧性和可持续性。该项目于 2003 年正式开工建设，已成为新加坡地下空间利用的典范。它可以容纳供水管道、通信电缆、电力电缆，甚至垃圾收集系统。地表以下 20 米内，建设供水、供气管道；地下 15—40 米，建设地铁站、地下商场、地下停车场和实验室等设施；地下 30—130 米，建设涉及较少人员的设施，如电缆隧道、油库和水库等。

3. 纳米材料管道

纳米材料具有优异的特性，如高强度、高韧性、高导电性、高隔热性等，纳米材料被广泛应用于各种领域，包括管道运输领域。一个有代表性的纳米材料管道项目是由美国麻省理工学院材料科学与工程系的研究团队开发的，该团队在 2018 年发表的文章中描述了一种基于纳米材料的新型管道。这种管道由氧化锌纳米线组成，能够根据流体的化学性质来改变流体的传输性能，包括黏度、流动性、传输速度等。这种管道的制造方法是将氧化锌纳米线混合到硅胶基质中，从而形成一个弹性树脂板。当弹性树脂板拉伸时，纳米线会改变它们的形态，从而影响流体的传输性能。除改善流体传输性能外，这种纳米材料还有其他应用前景，如高速电子设备散热等。此外，一种更加高效的纳米复合材料管道已研发生产，用于泵送液体和气体，以提高传输的精度和效率。这项创新成果凸显了纳米技术在管道运输领域的应用前景，也为今后研究和开发更高效、更智能的管道提供了新的思路和方法。

（二）更安全

1. 安管法规和制度的制定

为提高管道运输的危险预防与应急处理能力，美国于 2006 年 12 月 29 日颁布实施《管道检测、保护、实施及安全法案》处理挖掘导致的管道损坏问题，该法案将防止第三方挖掘损坏管道安全计划提升到联邦层面，规定了管道安全计划的九项基本要素。法案还要求各州的计划中必须有足够的强制措施，并将联邦对各州实施管道设施安全计划的成本资助由原来的不超过 50% 提高到不超过 80%。该法案强调当管道受到挖掘损害时，挖掘者必须向管道运营商报告；发生燃料泄漏，必须拨打"911"报警。该法案还授权为在 2002 年《管道安全改进法案》颁布后建立的国家级"811"统一呼叫中心提供资金支持，以推动呼叫中心在更多的州开通。

2002 年美国管道和危险材料安全管理局（Pipeline and Hazardous Materials Safety Administration，PHMSA）成立，以规范管道运输并执行安全法规。2004 年，国际石油和天然气生产商协会（The International Association of Oil and Gas Producers，IOGP）发布了第一份管道运输可持续发展报告，重点阐述了在减少温室气体排放、提高安全性和保护生物多样性等方面的成就，提出了多项行动计划，旨在帮助管道运输行业实现更可持续的发展。2017 年，国际管道和海洋承包商协会发布了可持续发展报告，其中强调了管道运输行业在减少环境影响、提高安全性和履行社会责任方面取得的进展。管道运输行业正面临监管机构越来越严格的审查，这主要源于社会对管道项目的环境影响以及化石燃料在可持续发展中作用的争论。一些管道公司正在投资可再生能源和碳捕集与封存技术，作为其可持续发展战略的一部分。

为了保护中国的石油和天然气管道安全、保障能源的安全稳定供应，中国在 2010 年 6 月 25 日出台了《石油天然气管道保护法》。该法规对管道保护责任分配、管道安全保障措施、管道保护范围、管道整治管理、管道事故监测和应急处理等方面进行规定。《石油天然气管道保护法》的发布和实施，有效地提高了中国管道运输行业的安全水平，对保障中国能源的安全供应、促进经济社会的可持续发展具有重要的作用。

2. 更加动态智能的管道检测技术

管道的检测可以有效地保障管道在各种环境中的运行安全。通过对管道进行定期的检测，可以及时发现管道的问题，并予以解决。

（1）智能巡检机器人

利用智能巡检机器人定期检查管道的内部和外部情况，发现并修复管道的损伤或缺陷。智能巡检机器人在高强度、高精度、高危险的巡检环境下具有天然优势，是智慧化管控的重要手段，在技术应用、功能实现、成本控制上对巡检运维的安全性、可靠性、稳定性产生积极作用。

北京石油化工学院结合仿生学设计了一种类似于蝎子的管道机器人。该管道机器人模仿蝎子的身体结构和运动方式，可以轻松越过一定的障碍，而且其借鉴了蝎子独有的简单反射结构，控制相对简单。这种多足的结构增加了机器人的自由度，可以选择最佳的姿态在管道中行走，在不规则变化的管道内有良好的应用。这种管道机器人主要通过行走足的协调配合来实现越障，随着行走足数量的增加，协调控制的难度也会增加，因此会造成该机器人行走速度较慢，驱动效率不高。

（2）SV600在线式声学成像仪

该设备被广泛接受并用于化工厂内管道、阀门、法兰等关键位置的泄漏检测。因为气体泄漏点会形成涡流，进而会产生声波或超声波，在空气中进行传播，而声学成像仪便是通过将声音可视化成像，帮助现场人员发现原本人眼不可见、人耳也有可能听不到的气体泄漏现象，预防事故发生，降低能源损耗。SV600在线式声学成像仪利用强大的声学成像技术，使用Spot CAM的平移—倾斜—变焦相机，以高达30倍的放大率进行检查，检查仪表、机械和管道，以确认是否有腐蚀或泄漏等异常情况。它利用Spot CAM + IR的热成像功能检测储罐、机械或电线中的问题提示热点，来确认热能所在点，对以往无法听到和看到的问题进行可视化显示，使用户能在整个工艺过程中实时检测、定位和查看气体泄漏或声音特征变化情况，进而快速定位和量化问题区域，从而进一步了解产品质量或安全问题，并能够快速发现整个压缩机、泵、管道、传送带等装置出现的变化。

除全天候远程监控外，SV600在线式声学成像仪还可以无缝集成到工厂系统中，并建立用户自定义的报警条件，以便在声音特征发生变化时提醒用户，即使是针对设备中难以触及的部分也是如此。作为预测性维护系统，它可以在故障发生之前进行持续监控，并及时检测机械异常（如轴承磨损），确保流程正常运行。

3. "三层PE"涂层

"三层PE"涂层是一种常用于海底管道防腐蚀的涂层，英文全称为"Three-layer Polyethylene Coating"，缩写为"3LPE"，具体包括底层的底漆层、中间的黏合层和外层的聚乙烯层。底漆层（Primer Layer）是覆在管道表面的一层涂料，其作用是在管道表面形成保护层，防止底漆层和管道金属之间的氧化反应，从而起到防腐作用。黏合层（Adhesive Layer）是利用一种黏合剂将底漆层和聚乙烯层紧密结合在一起。黏合剂通常采用特殊的化学物质制成，使其能够牢固地黏合在底漆层和聚乙烯层之间。聚乙烯层（Polyethylene Layer）是最外层的一层涂料，其主要作用是防水和防腐。该层采用聚乙烯材料制成，能够抵御海水、海洋生物和其他腐蚀物质的侵蚀，同时具有一定的抗冲击性和耐磨性。聚乙烯外涂塑钢管具有优良的耐化学腐蚀性能，适用于对防腐要求较高、年限要求较长的油气长输工程。这三层涂层组合起来能够有效地防止海水、海洋生物和其他腐蚀物质对管道的侵蚀，从而延长管道的使用寿命。

4. 磁力泵

在石油管道运输中，磁力泵技术是一种不可替代的技术。它利用磁耦合传递动力的无泄漏、密封性好的离心泵，可以有效地防止运输物质在管道中凝固，减少管道堵塞，从而减少泄漏、污染等问题，主要应用于输送易挥发、有毒、易燃、易腐蚀等特殊液体。磁力泵完全采用非接触性密封结构，能有效避免泵体与介质接触，防止泵体受到腐蚀。接受驱动力的叶轮通过磁力耦合与鼓轮无接触操作，能够有效地避免因泵轴密封失效而导致的泄漏问题，从而保证工作环境的清洁和安全。此外，磁力泵不需要使用机械密封，维护成本较低，也能够承受高温、高压等特殊工况。随着科技的发展，磁力泵技术也在不断创新和改进。例如，一些新型磁力泵采用永磁材料代替传统的电磁铁，这能够提高泵的效率和可靠性。一些磁力泵则采用特殊的磁体结构，能够实现更大的输送流量和更高的输送压力。

德国 KSB 公司生产的 Magnochem 磁力驱动泵（见图 3-11）适用于化学品、石油和天然气等流体的输送，它采用高强度的复合材料和先进的磁力传动技术，可以提供无泄漏、高效、低噪声和低维护的解决方案。Magnochem 磁力泵可以实现完全无泄漏运行，避免了对环境和工作人员的危害。由于该磁力驱动泵采用耐腐蚀材料，可以在处理各种腐蚀性介质时保持良好的稳定性和耐久性。Magnochem 磁力泵采用低噪声的设计，可以在工作时减少

图 3-11 德国 KSB 公司生产的 Magnochem 磁力驱动泵

噪声污染，保持良好的工作环境。

5. 光纤振动预警系统

光纤振动预警系统具有定位精度高、响应速度快、动态监测范围大、灵敏度高等优点，能准确识别人工或机械钻井等外力破坏的规律，可有效应用于油气管道振动监测预警，为实时监测外部施工破坏、石油钻探和偷盗，预防管道损坏提供了合理有效的监测方法。

2019年9月2日，北京某天然气管道公司的光纤振动预警系统成功进行了模拟测试（见图3-12），证明了光纤振动预警系统在检测危险信号、提高响应速度方面的优越性。光纤振动预警系统就像植入人体的神经元，可以通过光纤传感器检测到第三方施工引起的地面震动，它将震动信号传回系统进行分析，并提供预警信号，

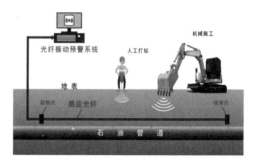

图 3-12 光纤振动预警系统在天然气管道中的应用

防范风险。部署在高风险区域的光纤振动预警系统能够在各种天气条件下对管道周围的破坏性事件进行实时监测、定位和报警，有效提升管道安全系数，提前预防和控制风险。光纤传感器可以监测到管道沿线的地面震动信号，准确监测管道两侧1米半径内的人工挖掘、5米半径内的车辆移动和10米半径内的机器振动，并在地面移动或设备侵入可能危及管道安全时发出警报。北京某天然气管道公司拟在部分高危地区部署光纤振动预警系统，以有效防范第三方施工、盗挖井口等威胁燃气管道安全的行为。

（三）更低碳

管道运输减少碳排放的一种方法是使用碳捕集与封存技术（Carbon Capture and Storage，CCS）。碳捕集与封存技术可将管道中二氧化碳等温室气体捕集并封存在地下或海底，从而减少温室气体的排放，减缓全球变暖。

气液分离器是利用容器内流体在转向过程中气液比重的不同，来实现液体下沉与气体分离。（见图3-13）挡板能显著提高气液分离器的分离效率。而在旋风式气水分离器中，液体被高速气流甩到容器壁上，这些液体因失去动能而

实现与气体分离。气液分离还可通过过滤或冷凝器来实现。基于不同气液分离原理的设计可以整合到一个气液分离器中。气液分离器将管道中的气体和液体分离，减少了气体的泄漏和排放，提高了液体的利用率。此外，气体回收装置将管道中的废气或副产品回收，减少气体的排放，提高气体的利用率。（见图 3-14）

图 3-13　气液分离器

超临界流体是指在临界温度和压力以上，物质既不是液体也不是气体，而是处于一种介于液态和气态之间的状态。超临界流体具有非常好的渗透性和扩散性，可以将溶解在其中的物质快速、高效地输送到目标地点。超临界流体输送技术的可持续发展优势体现在节能减排方面，它可以大幅度降低输送过程中的能耗和排放量。相比传统的输送方法，

图 3-14　LWH 2800 SF6 气体回收装置

超临界流体输送技术可以节省能源、减少二氧化碳等污染物的排放，有助于减少对环境的不良影响。超临界流体输送技术还可以实现高效能源的输送和利用，是未来能源转型和碳减排的重要技术之一。超临界流体输送技术具有输送效率高、能耗低、排放少等优点，能够有效降低能源的消耗和环境污染，有助于推进能源可持续发展。

第四章

可持续交通的后期行动

>>>>>>>>

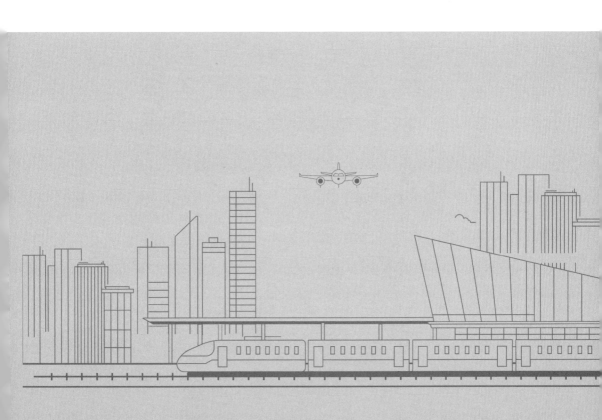

一、公路运输的后期行动

（一）更加智能

以 5G、云计算、人工智能等数字技术主导的世界新一轮科技革命正在开展，智能交通已成为世界交通强国争相加快部署的关键领域。智慧交通基础设施是其中一个发展热点。如公路沿线共建共享的传感通信基础设施，其后台数据与云控中心相联结，智能系统覆盖建设、维护全业务。数字化、智能化已经成为智慧公路发展的共识。此外，智能车辆的发展也令人期待，通过精准、及时的信息处理，彻底解放驾驶员工作，将出行时间转变成工作和娱乐时间。未来智慧交通将实现车路联网及协同控制，利用车辆自身运动规则来调整交通流，统筹公交公司、交运集团、出租车公司、港口、铁路、机场、交警部门、停车场、物流公司等多方资源，提供更加精细化、个性化的交通服务，实现人和物快捷、安全、高效地流动。

（二）更加互联

未来的世界是一个万物互联的世界，公路运输系统将是各种信息化和数字化的道路基础设施、运载工具及服务系统组成的一个复杂网络，借助 GPS 定位技术、互联网、云计算、物联网等信息技术，实现各单元、各部分、各子系统之间的互动互联。系统可以根据实时交通情况、气象条件、客流趋势进行各种调节，如控制策略、限制和诱导措施、运行方式、服务协调等，使交通运输系统在实时数据的动态调整和寻优过程中实现较高的可靠性、应变性和安全性。系统不仅可以支撑实现路网承载能力和交通需求的平衡，还可以实现整体路网的调度和控制，最大限度地发挥路网使用功能和运输系统的服务功能。

二、铁路运输的后期行动

铁路运输将继续面临着一些挑战和问题，如需求增长、客流高峰压力、基础设施老化等，后期的行动将从以下两方面采取措施来应对这些挑战。

（一）列车高速化

2023 年 3 月由中车长春轨道客车股份有限公司自主研制的中国首套高温超导电动悬浮全要素试验系统完成悬浮运行。该系统适用于高速、超高速和低真空管道等运用场景，运行速度可达 600 千米 / 小时及以上。此次悬浮运行对超导磁体、直线同步牵引、感应供电及低温制冷等高温超导电动悬浮领域的核心技术进行了充分验证，为推动超导电动磁浮交通系统工程化应用奠定了基础。这是中国高速磁悬浮项目的第三条技术路线。高速磁浮项目的三条技术路线分别是常导技术（中车青岛四方）、高温超导技术（西南交大），以及此次的高温超导电动技术（中车长客、航天科工）。由此看来，列车高速化继续成为未来发展趋势之一。

（二）运输智能化

2023 年中车青岛四方机车车辆股份有限公司自主研制的中国新型城际市域智能列车（CINOVA2.0）在青岛正式发布。该智能列车在国内城际市域列车领域首次采用智能辅助驾驶、数字孪生等"黑科技"，搭载 30 多项智能化配置，实现行车、服务、运维等全运用场景智能化。该智能列车专门用于城际市域铁路，是中国城际市域列车的智能升级版。在继承城际市域列车"快起快停、快速乘降、载客量大、安全可靠"等特点的基础上，它融合了"复兴号"先进设计理念，采用新材料和新技术打造，具有外形更靓丽、大脑更聪明、跑起来更节能、乘坐更舒适、运用更经济等技术优势。

2030 年全球铁路新建里程将达到 9.6 万千米（不含中国），其中高铁里程约 4.5 万千米。在拟建高铁中，美国规划了包含 11 条线路、总长 1.7 万千米的高铁网络。欧洲计划投资 700 亿欧元建设 8 条总长 1.2 万千米的高铁，由此将欧洲高铁长度增加至现有的 3 倍，接近 2 万千米，这些高铁主要集中在德、法、英、西班牙等西欧国家。英国正在推进 568 千米的高速铁路 2 号项目。法国于 2020 年前新建高铁 2500 千米。德国对列入计划的联邦铁路基础设施建设给予财政支持，并将发展高铁作为铁路现代化建设的重点。俄罗斯规划至 2030 年建设高铁和快速铁路 1.1 万千米，2020 年先期投资 523 亿美元，计划开建莫斯科—喀山、莫斯科—索契、莫斯科—圣彼得堡等多条高铁和快铁，投资总额达

4.9 万亿卢布。印度将在未来 5 年打造 1 万千米的"钻石四边形"高铁网，并升级改造 6.5 万千米既有铁路。此外，澳大利亚、巴西、南非等国亦提出规模庞大的高铁建设发展规划。

三、水路运输的后期行动

（一）绿色低碳发展

强化水路运输的节能减排，减少水路运输的能源消耗和对环境的影响，是推动交通可持续发展的重要内容。向绿色低碳转型，加快实现净零排放，是包括水路运输在内的全球交通行业的重要发展方向，也是实现可持续发展的必由之路。对此，各国根据本国的国情基础，纷纷推出了促进水路运输可持续发展的措施。国际上，国际海事组织已经出台了各项防止船舶污染的强制性规定并通过了船舶温室气体减排初步战略路线图，绿色低碳发展已成必然趋势。

2021 年，《海事系统"十四五"发展规划》提出推动建立全国船舶能耗中心，建立航运温室气体减排检测、报告和核算体系，完善船舶能耗数据收集机制，编制船舶大气排放清单和温室气体排放清单等一系列措施。2023 年 1 月，美国公布了由交通部、能源部、住房和城市发展部以及环境保护局共同制定的《美国国家交通脱碳蓝图》，提出要对可行的替代燃料及新技术进行研究和创新，与国内外利益相关者进行协调合作。2023 年，欧洲议会投票通过了对欧盟碳市场的改革计划。2023 年 4 月，新加坡海事及港务局、洛杉矶港和长滩港在 C40 城市气候领导联盟的支持下签署了谅解备忘录，共同建设新加坡与圣佩德罗湾港口综合体（洛杉矶—长滩）之间的绿色和数字化港口航运走廊，支持海运业的脱碳并通过数字化运营提高效率。

（二）智慧航运

智能一直是水路运输所追求的，随着现代科学技术的发展，智慧航运逐渐成为发展趋势。在港口方面，世界大港都推出了关于智慧港口建设的相关规划。2015 年，新加坡提出"下一代港口 2030 年"战略，以应对日益激烈的全球港口竞争，该战略以大士港的智能港口建设为核心，旨在通过新一代技术的融合应用，打造一个高效、可持续发展的未来港口。2021 年，宁波市港航管理部门发布了《宁波市港航发展"十四五"规划》，提出积极打造全球领先的智慧港口标杆，应用 5G、北斗、物联网等新一代信息技术，建成梅山新一代自主可控自动化码头。2022 年，中国交通运输部出台《水运"十四五"发展规划》，提出要建设智慧港口，聚焦智能生产运营，提升港口码头智能化水平，加大既有集装箱、大宗干散货码头装卸设施的远程自动操控改造、港内无人集卡应用。新一代自动化码头将应用云计算、大数据、区块链、人工智能、物联网等技术，整合港口、航运、贸易等数据，建设港口"智慧大脑"。

尽管全球智能船舶仍处于探索和发展阶段，但日本、韩国以及欧洲多国均将智能船舶视为重点发展领域。日本启动了无人船项目"MEGURI2040"，汇集了航运、造船、船舶设备制造商等多家日本企业，目标是到 2025 年实现无人船实用化，到 2040 年有 50% 的内航船能够实现无人驾驶。韩国现代重工集团发布 2030 年愿景，提出到 2030 年成为未来全球智能船舶领域领军企业的发展愿景。中国发布的《交通强国建设纲要》也提出要加强新型载运工具研发，强化智能船舶等自主设计建造能力。

（三）协同发展

与其他交通运输相比，水路运输有着自身的优点与不足。随着各种交通方式的不断发展，单一强调某种方式的运输格局已经改变。各种运输方式协同发展，各自发挥优势，共同构建高效、绿色、安全的综合运输体系是未来的大势所趋。水路运输以大宗货物为主，未来将不断发挥自身绿色、低碳的优势，构建完善的集疏运网络，发展多式联运、江海直达运输等。中国在《"十四五"现代综合交通运输体系发展规划》中提出要加快解决货物高效流通的瓶颈问题，强化综合交通网络有机衔接。

四、航空运输的后期行动

（一）继续推广使用可持续航空燃料

欧洲议会和欧盟成员国的谈判代表在 2023 年 4 月达成了协议，强制要求航空公司从 2025 年开始使用可持续航空燃料。根据新规，欧盟机场起飞的所有飞机的燃料都必须与可持续航空燃料混合使用，从 2025 年起可持续航空燃料使用最低比例为 2%，每 5 年提高一次，到 2030 年上升到 6%，到 2035 年上升到 20%，到 2050 年达到 70%。从 2030 年起，所有航空燃料中的 1.2% 是由绿氢制成的合成燃料（E-Fuel），到 2050 年这一比例将上升到 35%。（所谓合成燃料，就是通过合成捕获到的二氧化碳排放物、清洁电力产生的氢气所制成的燃料）此外，从欧盟机场起飞的飞机只允许补充完成飞行所需的燃料，以防止有人试图规避可持续性要求。欧盟委员会计划在 2027 年之前准备一份报告，然后每四年发布一次，检查新规对燃料市场的影响，以及欧盟航空业的竞争力和连通性。欧洲议会中的最大团体欧洲人民党的议员表示，新规将迫使航空燃料供应商提高可持续航空燃料的份额，为航空业摆脱对化石燃料的依赖开辟了一条道路。法航—荷航集团的一位发言人表示，该航空公司计划超过欧盟的设定目标，到 2030 年使用 10% 的可持续航空燃料。

2023 年 4 月，在天津举办的"全新'碳'路——霍尼韦尔绿色发展峰会"上，霍尼韦尔（中国）有限公司可持续发展研究院低碳中心发布题为《为可持续航空加油》的行业白皮书，宣布在中国市场推出制备可持续航空燃料的新型工艺技术和全新排放管理解决方案，并与多家合作伙伴签署战略合作备忘录，旨在实现可持续航空燃料生产工艺与场景应用的联动，以创新的低碳技术生产可持续航空燃料，并在燃料的实际应用中帮助航空公司提高运营效率，减少耗油量，以此实现多领域的可持续发展。2023 年 4 月，空中客车与春秋航空两家公司签署合作备忘录，双方将在可持续航空燃料的推广应用方面加强合作，探索提高机队燃油效率、减少排放和噪声的解决方案和新技术。

2023 年美国达美航空宣布，与壳牌航空签署协议、启动合作，壳牌会于两年内向达美航空提供 1000 万加仑（约 3784 万升）的可持续航空燃料，供在洛杉矶机场的航班使用，以此推动达美航空进一步实现其 2030 年底使用 10% 可持续航空燃料的目标。

空中客车和普惠两家公司将联合在加拿大魁北克建立可持续航空燃料生产基地，并试飞由 100% 可持续航空燃料驱动的 A220 飞机。普惠公司 2023 年 4 月 21 日发表声明，他们已与魁北克燃料开发公司合作，并且该项目得到了魁北克政府支持。但截至 2023 年加拿大还没有真正意义上的可持续航空燃料产业。加拿大政府有一个目标，到 2030 年可持续航空燃料占该国航空燃料使用量的 30%。全球航空公司认为，可持续燃料对于他们到 2050 年实现碳中和至关重要。

（二）持续推动碳减排

航空运输产生大量温室气体，推动航空领域的碳减排非常重要，这与全球气候变化和可持续发展等众多领域的战略目标密切相关。2023 年 4 月 17 日，阿联酋经济部部长、民用航空总局董事会主席阿卜杜拉-本-图格-阿尔马利表示，阿联酋航空业已率先在该地区采取限制碳排放的措施，确立了其领导地位。这一表态与实现气候中立的 2050 战略倡议相符，也强化了该国在《联合国气候变化框架公约》第 28 次缔约方大会（COP28）上发出的环境可持续发展信号，标志着阿联酋在这一领域取得了里程碑式成就。

2023 年 3 月 16 日中国商务航空发展高峰论坛在广州白云国际机场商务航空服务基地主会场成功举办。绿色可持续发展议题在全球范围内备受关注，基于"双碳"目标驱动的全球航空产业链升级迫在眉睫，与会各方从优化航空燃油使用、更新航司机队、运用碳补偿和捕捉技术、启动碳交易机制、发展航空绿色金融等方面探讨实践路径。

（三）加快数字化变革

随着未来航空运输的发展，以数字化为依托的智能化管理和操作将有助于提高航班准确率、安全性、运作效率与品质，提供更出色和高效率的航空服务。2023 年 3 月 8—10 日，民用航空航行服务组织（CANSO）在日内瓦主办"空域世界"展览会。本届展览会开放了五个讨论单元，涵盖了空中交通管理的各个方面。其中的"翼"（Wing）单元专门探讨如何将新的空域用户整合到一个更加数字化、自动化的框架中，即目前最受关注的无人机交通管理系统（UTM）和先进空中交通（AAM）领域，以此实现航空运输业的高效管理。"空域世界"展览会是世界上规模最大、最具影响力的空域和近空间管理领域的专业会议。

2023 年 4 月 6 日，在"洞见 2023 航空物流数智新基建"专题论坛上，菜鸟联合中国民航科学技术研究院、中国中元国际工程有限公司，发布了《面向全球的航空物流枢纽：着眼货站，瞭望未来》白皮书，推出了关于下一代航空货站数智化升级的解决方案。同时，此次论坛还举行了国际航协"ONE Record"标准成功运行确认仪式，这标志着由菜鸟"杭州—比利时列日机场"货运航线将启用"ONE Record"标准，并创新性地融合了菜鸟自主研发的新一代精准射频识别技术 RFID，从而在国内率先实现了国际航空货物状态全球数字轨迹共享，让国际航空货物的状态可以像快递物流详情一样实现"可查、可视、可知"。因此，航空领域需要加速数字化进程，不断推陈出新，在现代数字经济中实现高效发展。

（四）推进安全

2023 年 1 月，国际民航组织导航系统专家组（NSP）第 7 次会议在加拿大蒙特利尔召开。会议讨论了卫星导航系统相关技术进展、传统导航设备性能分析、飞行校验优化等相关技术议题。中方专家在会上提交了无人机飞行校验相关会议文件，介绍了中国无人机校验法规标准研究、验证工作开展情况，首创性提出无人机飞行校验法规标准体系概念，并提示国际民航组织 8071 文件可能需要修订部分章节以适应无人机飞行校验的探索和应用。1 月 12 日，国际民航组织通过电子公告发布了普遍安保审计计划（USAP）的最新进展。公告显示，随着航空旅行的恢复和大多数与大流行病有关的国家入境及检疫限制的放松，国际民航组织在 2022 年恢复了普遍安保审计计划—持续监测做法（USAP-CMA）的现场审计，全年共开展现场审计 16 次。

五、管道运输的后期行动

氢气是一种资源丰富、环保低碳、应用广泛的能源，是建设清洁、低碳、安全、高效的现代能源体系的新钥匙。氢能产业的核心是氢气储存和运输。氢可以通过三种运输载体（管道、轮船或卡车）以多种形态在全球范围内储运，然而长距离高压氢气储运成为运输难题。对于中短距离运输，在现有管道的基础上，经改造，500 千米以内的管道输氢成本可低于 0.1 美元 / 千克，比以卡车运输氢（气态或液态）的成本（每 300 千米约 1.2 美元 / 千克）要低许多。因此从长远来看，氢气进行管道运输是最具成本效益的储运方式，管道输氢可以输电线路 1/8 的成本传输其 10 倍的运量。虽然中国建成 200 多座加氢站，但氢气主要通过长管拖车在高压下以气态形式运输，管道运输仍是一个薄弱环节。

陆上氢气管道的改造成本为 60 万—120 万美元 / 千米，新建管道成本约为 220 万—450 万美元 / 千米。至于海上或海底氢气管道，根据新建或改造的具体条件和建设难度，成本要比陆上管道高出 1.3—2.3 倍。短途配送管道由于其较小的管径和较低的压力要求，建设和改造成本比传输管道便宜得多（大约只占传输管道成本的 15%）。在未来住宅和商业建筑对氢气的需求超过天然气掺氢临界值（20%）的情况下，短途配送管道的大规模建设具有经济性。因此，氢气的管道运输是未来管道运输的一个发展趋势。

第五章

中国交通的可持续发展

>>>>>>>> 从"交通大国"到"交通强国"

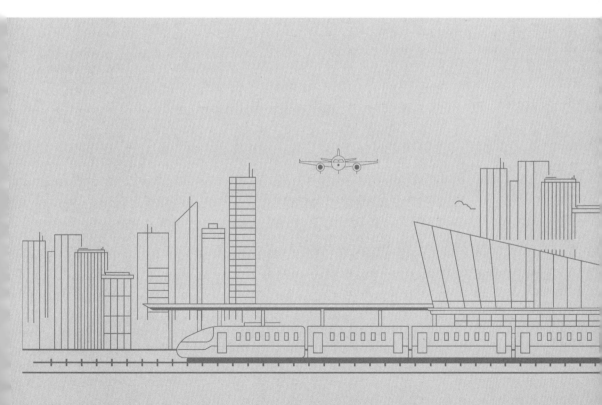

2021 年 10 月 14 日，第二届联合国全球可持续交通大会在北京国家会议中心正式开幕，来自 100 多个国家的代表以线上线下方式出席会议，结合各国实际，分享交通的可持续发展经验，为世界可持续交通发展建言献策。这是继 2016 年在土库曼斯坦阿什哈巴德举办首届联合国全球可持续交通大会之后，时隔 5 年联合国第二次举办的世界级可持续交通大会。为何第二届大会选在中国召开？联合国副秘书长、大会秘书长刘振民说："中国在可持续交通发展方面成绩显著、值得借鉴，这是联合国选择将中国作为大会承办方的原因之一。"中国诸多交通建设项目促进了脱贫攻坚、经济增长和民生改善，有力地推动了 2030 年可持续发展目标落实，"可持续"正日益成为中国交通领域的发展标签，节能减碳取得实效，环境友好程度不断加深。第二届联合国全球可持续交通大会召开期间，中国发布《中国可持续交通发展报告》，指出中国交通取得历史性成就、发生历史性变革，现已迈入高质量发展的新阶段，正在加快从"交通大国"向"交通强国"迈进。

一、"交通大国"建设之路

中华人民共和国成立之初，交通运输面貌十分落后。可通车的铁路里程只有 1 万多千米，人均铁路长度不足 5 厘米。能通车的公路仅 8.08 万千米，人均公路长度不到 20 厘米。民用汽车不过 5.1 万辆。内河航道处于自然状态。民航航线只有 12 条。邮政服务网点较少，农村地区基本缺乏。运输工具主要是畜力车和木帆船，交通速度较慢，交通承载能力弱，不能满足国家发展经济的需要，迫切需要对公路、铁路、航空、水运等各个方面的基础设施拓展建设，从"交通弱国"变成"交通大国"。

（一）"交通大国"的公路建设

中华人民共和国成立以后，中国公路建设进入大力发展和逐步现代化时期，其过程经历了以下 7 个阶段。

1. 公路建设政策规定阶段：国民经济恢复时期（1949—1952 年）

这个时期从上到下组建了公路管理机构，以及设计、施工和养护的专业队伍。同时，国家颁布了一系列重要法规，对公路留地办法、公路养护办法、动员民工整修公路办法、养路费征收办法等做出了明确的规定。

2. 公路建设技术与政策补充完善阶段：第一个五年计划时期（1953—1957 年）

各级公路部门补充完善了各项管理制度和技术规范，公路建设队伍进一步充实发展，各项工作走上了正轨。这个时期内确立了通过养护，分期改善和逐步提高公路质量的方针，确定了依靠群众、就地取材、大规模改善土路、加铺各种路面的原则，创立了泥结碎石路面加铺级配磨耗层和保护层的养护技术，推行了木桥防腐、改良工具等措施，大大改善了路况。

3. 公路里程猛增阶段："大跃进"时期和国民经济调整时期（1958—1966 年）

1958 年，中国制定了"简易公路"的标准，公路里程猛增，但质量标准较低。1962 年，公路建设进入了调整、巩固、充实、提高的阶段，恢复和完善了若干基本政策和制度，调整健全了公路机构和建设队伍，试验推广渣油路面、双拱桥和钻孔灌注桩桥基等技术成果。

4. 公路建设缓慢发展阶段："文化大革命"时期（1966—1976 年）

渣油路面发展较快，10 年中增长了 10 万千米，改善了线路标准，绝大部分木桥改建为永久性桥梁，使桥梁永久式比重由原来的 45% 左右提高到 90% 以上。一大批干线上的渡口也改建为桥，公路自办工业有了较大发展，机械设备逐年增加。国防边防公路建设和县社公路建设也有不少进展。但是，由于"文化大革命"对公路修筑、管理和养护的影响和破坏，有的地区路况下降，工程质量事故和交通事故时有发生。

5. 公路技术改革和提高阶段：社会主义经济建设新时期（1977—1983 年）

这个时期内恢复并改革了各项规章制度，加强了道路养护，扭转了路况下降的局面，对原有已使用超龄的渣油路面进行了及时维修。中国现代公路科学技术取得了巨大的进步。在路面工程方面创立和发展了泥结碎石路面和砂石路面的养护、改善技术，发展了石灰稳定土路面基层，研究利用国产多蜡渣油和沥青修筑了高级、次高级路面，公路行车条件大大改善。在路基工程方面成功研发了一整套路基新技术，在冰冻地区实施了防治公路翻浆的有效措施，在盐湖地区修筑了世界上少有的公路，在高原多年冻土地区修成了沥青路面。此外，还学习、引进了各种国外先进技术，如乳化沥青、预应力混凝土桥，各种勘测设计新技术以及交通工程学的理论和应用等。在公路养护方面随着公路和汽车数量的增长，增加了养护里程，壮大了养路队伍。

1978 年底，中国公路通车总里程 89 万千米，公路密度为 9.27 千米 / 百平方千米，二级以上公路仅有 1 万千米，有 1/3 以上的镇村不通公路。1981 年，国务院授权计划委员会、国家经委和交通部以《关于划定国家干线公路网的通知》（计交〔1981〕789 号）确定了由 12 射、28 纵、30 横组成的国道网，总规模 10.92 万千米。作为中国第一个国家级干线公路网规划，其虽未明确公路等级标准，但解决了国道网的布局问题，意义重大。截至 1983 年底，经常养护的公路已占总里程的 80% 以上，基层养路段有 2700 多个，养路道班近 5 万个，固定的养路从业人员达 78 万余人。公路养护质量逐年提高，同时国家还对公路逐年进行一些技术改造，提高了公路的通行能力和抗御灾害能力。

6. 高速公路起步和稳步发展阶段：改革发展时期（1984—1997 年）

改革开放之初，很多地方公路运输不畅，严重影响了物资运输。一些公路虽然铺上了渣油路面，但建设标准低、质量差，公路的平均行车时速只有 30 千米，高等级路、沥青路和大江大河上的桥很少。20 世纪 80 年代，世界上约 50 个国家有高速公路，而中国的高速公路建设还没有起步。随着改革开放进程的逐步深入，公路运输需求持续增加，交通行业对建设高等级公路（汽车专用公路、高速公路）已有了一定的认识。在这一时期，社会各界对修建高速公路问题非常关注，但对于"中国要不要修建高速公路"的认识并不统一。一部分人认为，高速公路属于专为小汽车服务的"高消费"产品，中国小汽车少，用不着花费巨资、占用大量土地建设高速公路。而交通运输方面专家以及部分社会上的有识之士关于修建高速公路的呼声却日益高涨。

基于当时的社会环境，1984 年，沈（阳）大（连）公路学习借鉴日本高速公路设计要领，按照一级汽车专用公路的标准开工建设，建成后已具备高速公路技术标准。沪（上海）嘉（定）、西（安）临（潼）、广（州）佛（山）三条高速公路长度均不足 20 千米。按当时的规定，长度在 20 千米以内的高等级公路，可不按高速公路审批程序，由省级、部级主管部门审批立项。

1984 年 5 月，国务院印发《中共中央、国务院关于天津港实行体制改革试点的批复》，明确要加快修建京津塘高速公路。随后，交通部组织当时全国部属三大设计院（交通部公路规划设计院、交通部第一公路勘察设计院和交通部第二公路勘察设计院）组成强大的专业队伍赴现场踏勘、测量和设计。京津塘高速公路作为国内经国务院批准的第一条高速公路，利用世界银行贷款于 1984 年 12 月—1986 年分段陆续开工建设。1988 年 10 月，中国首条高速公路沪嘉高速公路建成通车。同年 11 月，辽宁沈大高速公路沈阳至鞍山和大连至三十里堡两段共 131 千米建成通车。到 1988 年底，中国高速公路总里程达到 147 千米，高速公路实现了零的突破，彻底结束了中国没有高速公路的历史。

1988 年以后，沪嘉和沈大两条高速公路的通车运营，获得了良好的经济效益，社会反响巨大，人们对高速公路的优点有了感性认识，社会舆论和各界的观点开始向有利于高速公路发展的方向转变。交通部适时抓住这一时机，于 1989 年 7 月 18—20 日，在辽宁沈阳召开了中国高速公路发展历史上具有里程碑意义的"高等级公路建设经验交流现场会"。会上认识的统一为中国高速公路的发展奠定了基础，拉开了高速公路快速发展的序幕。1993 年，交通部印发了国道主干线系统规划布局方案，为中国高速公路持续、快速、健康发展奠定了基础。1993 年 6 月，"全国公路建设工作会议"在山东济南召开，会议确定了中国公路建设将以高等级公路为重点实施战略转变，明确了 2000 年前中国公路建设的主要目标是集中力量抓好高等级公路建设，"两纵两横"（两纵为北京至珠海、同江至三亚，两横为连云港至霍尔果斯、上海至成都）国道主干线应基本以高等级公路贯通，"三个重要路段"（北京至沈阳、北京至上海和重庆至北海）力争建成通车，形成几条对国民经济和社会发展具有重要战略意义的大通道。

中国各省的第一条高速公路，都集中在 20 世纪 90 年代建成。广东省的第一条高速公路——广佛高速，连接广州和佛山，全长 15.7 千米，于 1989 年 8 月正式建成通车，开创了中国利用有偿融资建设高速公路的先河，在全国率先实行"贷款修路、收费还贷"，体现了计划经济体制向市场经济体制的转变，为全面加快推进高速公路建设和经营管理提供了宝贵经验，拉开了全省高速公路建设的序幕。1990 年，沈大高速公路全线通车，这是辽宁的第一条高速公路，也是当时中国通车里程最长的高速公路，被誉为"神州第一路"。陕西省的第一条高速公路——西临高速，连接西安官厅和临潼区，全长 23.89 千米，于 1990 年 12 月 27 日建成通车，是中国西部第一条高速公路。贵州省的第一条高速公路——贵黄高速，连接贵阳和黄果树瀑布，全长 135 千米，1991

年建成通车，被视为贵州乃至西南地区第一条高等级公路，也是贵州高速公路的发端。山东省的第一条高速公路——济青高速，连接济南和青岛，全长318千米，于1986年4月开始勘察设计，1994年初建成通车。四川省的第一条高速公路——成渝高速，连接成都和重庆，全长337.5千米，1990年9月动工，1995年9月建设完成。安徽省的第一条高速公路——合宁高速，连接合肥和南京，全长约157.7千米，1986年10月动工，1995年11月全线贯通。江西省的第一条高速公路——昌九高速，连接南昌和九江，全长138千米，1996年1月全面建成通车，实现了江西高速公路建设零的突破。江苏的第一条高速公路——沪宁高速，连接上海和南京，江苏段于1992年6月开工建设，1996年建成，至此江苏省的高速公路有了零的突破。浙江省的第一条高速公路——杭甬高速，连接杭州至宁波，全长145千米，1996年12月建成通车。作为浙江省第一个世界银行贷款高速公路项目，杭甬高速公路是中国改革开放的见证，也是中国自强图兴的写照。福建省的第一条高速公路——泉厦高速，连接泉州和厦门，全长81.898千米，1997年12月15日正式通车。泉厦高速是福建公路交通发展史上的一座里程碑，它实现了福建高速公路零的突破。1997年，哈尔滨至大庆二级汽车专用公路扩建成高速公路项目正式启动，完工后成为黑龙江省的第一条高速公路。1997年，广深高速公路正式通车运营，改变了广州、东莞、深圳和香港之间"路程长、常堵车、耗时多"的交通状况。通车20多年来，广深高速公路一直被誉为"中国最繁忙的高速公路之一"和"珠三角黄金通道"。

7. 公路建设跨越发展阶段——"大力发展期"（1998—2016年）

1998年，为应对东南亚金融危机对中国的不利影响，党中央、国务院做出了实施积极财政政策和较为宽松的货币政策、加快各项基础设施建设、扩大内需、稳定经济增长的决策，决定重点实施公路、铁路、通信、环保、农林及水利等基础设施建设，其中公路建设是重中之重。公路部门肩上扛着促进公路建设发展和带动国民经济发展的双重责任。1998年高速公路新增里程3962千米，总里程达到8733千米，居世界第六位，创下了年度新增高速公路的新纪录。全年实际完成公路建设投资2168亿元，比1997年增长72.6%。"五纵七横"规划中的大部分高速公路项目开工建设，全国在建高速公路里程超过1.26万千米，为"十五"期间中国建成近2万千米高速公路奠定了坚实的基础。

进入"十五"期，中国高速公路继续保持举世瞩目的快速发展势头。2001—2005 年，建成高速公路 2.47 万千米，总里程相继突破 2 万千米、3 万千米和 4 万千米三大关口，2005 年底，高速公路达 4.1 万千米，仅次于美国，居世界第二位，完成了西方发达国家几十年才能走完的发展历程。同时，为了适应未来中国经济社会发展对交通运输提出的新要求、新挑战，参照发达国家的经验，交通部组织编制《国家高速公路网规划》，由国务院于 2004 年 12 月下发。此次国家高速公路网由 7 条首都放射线、9 条南北纵线、18 条东西横线以及若干联络线、并行线、环线组成，简称"7918 网"，规划里程约 8.5 万千米。这是中国历史上第一个国家高速公路网规划。

"十一五"期间，高速公路建设翻开了新的一页。到 2007 年底，高速公路里程迈上了 5 万千米的台阶，达到 5.39 万千米，总里程 3.5 万千米的"五纵七横"国道主干线系统比原计划提前 13 年贯通，国家高速公路骨架初步成形，高速公路网对经济社会发展的推动作用更加显著。2008 年，为应对美国次贷危机对中国的不利影响，党中央、国务院做出扩大内需、促进经济增长的重大决策部署，又一次为交通运输业实现新的发展提供了机遇。公路行业以国家高速公路建设为重点，进一步加快了高速公路建设步伐。2009 年，公路建设投资超过 9668 亿元，同比增长 40% 以上，高速公路里程达到 6.51 万千米。2010 年，公路建设投资历史性地突破了万亿元大关，高速公路总里程突破 7 万千米，达到 74113 千米。

"十二五"期间，在《国家高速公路网规划》指引下，全国高速公路建设取得历史性新突破。公路累计完成投资 7.1 万亿元，是"十一五"期间的 1.74 倍。全国高速公路年均新增里程 9900 千米，是"十一五"期间的 1.5 倍。2012 年，高速公路通车里程达 9.6 万千米，首次超越美国，居世界第一。"十二五"期间，针对尚有 900 多个县没有公路连接，国家高速公路网中主要通道能力不足，人口在 20 万以上的新城镇没有连接等问题，交通运输部及时研究编制《国家公路网规划（2013 年—2030 年）》，2013 年经国务院批复后印发。规划由国家高速公路和普通国道两个路网层次构成。国家高速公路由 7 条首都放射线、11 条南北纵线、18 条东西横线以及地区环线、并行线、联络线等组成，总里程约 11.8 万千米，另规划远期展望线 1.8 万千米。普通国道由 12 条首都放射线、47 条南北纵线、60 条东西横线和 81 条联络线组成，总里程约 26.5 万千米。《国家公路网规划（2013年—2030年）》的颁布，对指导新时期国家公路网建设发挥着十分重要的作用。到2016年底，全国收费公路里程为17.11万千米，较2015年底增加6658千米，其中高速公路里程达12.45万千米。

（二）"交通大国"的铁路建设

铁路是中国国民经济大动脉和基本支柱，在推动经济社会发展中发挥着重要的支撑引领作用。在中国社会发展进程中，铁路是大国崛起的"国之重器"。然而，中国铁路的建设之路曲折坎坷。新中国成立之时，全国铁路总里程2.18万千米，能够维持通车的仅1万多千米，人均铁路长度不足5厘米。2万多千米铁路大部分分布在东北和沿海地区，广阔的西北、西南铁路网几乎为空白，严重限制了当地经济文化的交流与发展。

1949年10月—1952年是国民经济恢复时期，也是新中国铁路的起步阶段。此后中国的每一个五年计划，都把铁路建设纳入工作的重点。其间，政府拨出大量资金，着手修复被战争破坏的原有线路，仅1949年间共抢修恢复了8278千米铁路。除了有重点地修建新线，党和国家决定"填补西部地区的铁路空白"。1949年中共中央西南局做出了一项重大决策"以修建成渝铁路为先行，带动百业发展"。1950年，中共中央、中央人民政府批准了西南军政委员会关于请求修建成渝铁路的报告，提出"依靠地方，群策群力，就地取材，修好铁路"的铁路建设方针。1950年6月，成渝铁路正式开工。史料记载，当时施工条件非常落后，西南地区10多万军民投入建设，几乎没有什么机械设备，全靠人力用锹镐挖土，用龙骨车抽水，用电石（乙炔）灯照明。在这样艰苦的条件下，这支以农民为主的施工队伍仅用了两年时间就修建了全长505千米的成渝铁路。1952年7月，成渝铁路全线通车运营。（见图5-1）这是一条由中国自行设计施工、完全采用国产材料修建的铁路。成渝铁路的修建开创了新中国铁路建设史的新时期，为新中国铁路建设积累了宝贵经验。

图5-1 成渝铁路通车

1952 年 7 月宝（鸡）成（都）铁路破土动工，1956 年 7 月南北贯通并临时通车，1957 年 12 月交付营运。（见图 5-2）宝成铁路贯穿陕、甘、川 3 省 19 个县市，全长 668.2 千米。全线共有隧道 304 座、84428 延米，大小桥梁 1001 座、28074 延米，桥隧占宝成铁路全线总长的 16.8%，路基土

图 5-2　宝成铁路通车

石方工程共完成 7116 万立方米，平均 10.6 万立方米 / 千米。如此浩大艰巨的工程能在 5 年半的时间建成并交付营运，实为世界铁路建设史上的一大创举。

1953—1957 年，国家尽管财力有限，但仍拨出 59.16 亿元用于铁路的基本建设，金额占同期运输邮电业基本建设投资总额的 65.6%。到 1957 年第一个五年建设计划完成，全国铁路先后建成铁路干线、支线 6100 千米。1957 年 10 月，中国建成了贯通南北、具有世界水准的武汉长江大桥，结束了长江上没有铁路桥梁的历史。1957 年，川（重庆）黔（贵阳）铁路动工修建。1953 年兰（州）新（疆）铁路开始修建，至 1955 年底铺轨至酒泉，1956 年通车玉门，1959 年铺轨至哈密，1962 年到达乌鲁木齐。这条铁路由兰州往西跨黄河，行经哈密、吐鲁番，穿越天山而至乌鲁木齐，全长 1903 千米，是新中国成立初期修建的最长铁路。这条铁路的通车为甘肃西部开发、新疆经济建设做出了贡献。此后，中国以沟通西南、西北为重点，修建了大量铁路干线、支线和枢纽。1953—1956 年，西南、西北地区总共完成铁路建设总投资额 66070.8 万元，建筑安装工作量 64663 万元，通车里程 1144.3 千米，交付运营里程（包括成渝线和天兰线、宝兰线等）1640 千米，完成的勘测设计里程共 2842.2 千米。西部地区铁路建设的迅速发展，逐渐改变了西部地区的交通落后状况，对工业建设起到了很大作用。铁路沿线新建了一批大、中型工厂，逐渐形成了一些新的工业城市，既支援了国家建设，又繁荣了当地经济。铁路建成后粮食、生猪等调往全国不少省份，全国各地的机器设备和建筑材料也源源不断运入西部，对西部各省份的经济建设起到了重要作用。

1958—1962 年，国家提出全党全民办铁路的方针，百万军民齐上阵，很多原有铁路线路改造工程和新线修建工程同时开工。1958 年元旦，全长 669 千

米的宝成铁路在成都火车站举行通车仪式，"蜀道难"从此成为历史。宝成铁路是一条工程艰巨的铁路，桥梁和隧道的长度超过了全长的 1/6，几十万铁路工人不畏艰险、忘我劳动，使这条铁路的修建成为一首壮阔的英雄史诗。第二个五年计划期内，我国先后还建成了新的铁路干线，如包头至兰州、北京至承德、兰州至西宁等铁路。第二个五年计划还见证了新中国第一条电气化铁路的诞生。宝成线宝鸡至凤州段铁路，全长 91 千米，工频单相 25kV 交流制，接触网在区间采用半补优弹性鞋型悬排，在车站采用半补偿简单链型悬挂，机务段采用简单悬挂。宝凤段电气化铁路于 1961 年 8 月 15 日正式交付，这标志着中国第一条电气化铁路开始运营。同期，列车的研制与生产也取得成果。青岛四方厂仿制国内现有的机车，造出了"解放型"蒸汽机车。随后，中国又自行设计出"胜利型"与"和平型"蒸汽机车。

1962—1978 年，由于发生特大自然灾害，国民经济遇到严重困难，铁路的投资与建设缓慢进行。1961 年已施工近 2 年的包头至白云鄂博电气化铁路工程停止建设，几年后才恢复建设。这一时期主要围绕一度停建的宝成线，穿越秦巴山区的阳安线，外运煤炭的石太线和震渝线、宝兰线等山区铁路干线展开电气化工程建设，探索并总结出一套比较完整的建设电气化铁路的经验。到 1978 年铁路总里程增加到 5 万多千米，全国铁路网骨架基本形成。这一时期的火车以没有空调装置、采用自然通风的绿皮火车为主。

1979—1998 年，中国铁路建设飞速发展。随着党的十一届三中全会的召开，改革开放的春风掀开了铁路建设的新篇章。20 世纪 80 年代，中国铁路"南攻衡广、北战大秦、中取华东"，制定了利用外资引进国外先进技术、加快电气化铁路建设的开放政策，电气化铁路建设蓬勃发展，电气化铁路由山区走向平原。1983 年京秦铁路通车，这是中国新建的第一条双线电气化铁路。第六个五年计划期间，我国修建电气化铁路 2507.6 千米，比过去 20 年修建的电气化铁路总和还多，以前平均每年修建电气化铁路不足 100 千米。第八个五年计划期间，每年修建电气化铁路已超过 500 千米。1985 年，中国第一条利用外资引进了国外先进技术的电气化铁路——京秦线建成并开通。20 世纪 90 年代铁路建设"强攻京九、兰新，速战宝中、侯月，再取华东、西南"，先后建成了大秦、京九等铁路干线，衡广、兰新等铁路复线，以及一大批铁路干线电气化改造项目。1992 年大秦铁路开通运营，铁路自山西省大同市至河北省秦皇岛市，横跨山西、河北、北京、天津，全长 653 千米，平均不到 15 分钟就有一列运煤列车呼啸而过，将上万吨煤炭从山西运至数百千米之外的秦皇岛港装船南运。大秦铁路是中国第一条重载列车线路、第一条采用微机化调度集中系统的线路、第一条采用全线光纤通信系统的线路，科技含量达到了当时国际水平，此后中国单元列车载重由 6000 吨提升至万吨级。1994 年广深铁路建成，这是中国第一条准高速铁路。1996 年 9 月京九铁路开通，京九铁路不仅有效降低了沿线地区农业生产成本，还为农村剩余劳动力外出务工提供了极大便利，使贫困地区大规模人口流动得以实现，取得了巨大的社会效益和经济效益。截至 20 世纪 90 年代末，国家在西北、西南地区建成宝成、川黔、成昆、兰青等十几条铁路干线，在华东、华北、东北和中南等地也修建了一批铁路干线和支线。

1999 年，中国铁路开始投入青藏铁路的修建中，中国人秉持着不惧困难、攻克难题的精神，经过了长达 6 年的工期，2006 年青藏铁路全线完工，克服了青藏高原冻土层的世界性难题。2003 年以来，中国铁路以快速扩充运输能力、快速提升技术装备水平为主线，全面加快铁路现代化建设步伐，铁路提速取得了显著成绩。1993 年以前，中国铁路的平均速度仅达到 48 千米 / 小时，20 世纪 90 年代末至 2004 年，中国铁路进行了 5 次大提速。2007 年 4 月实施了第六次大提速，京哈、京广、京沪陇海等既有干线时速达到了 200 千米，部分区段达到了 250 千米。同时发展高速铁路，2002 年 12 月秦沈客运专线正式开通运营，"中华之星"动车组列车最高试验速度达到 321.5 千米 / 小时，成为高速铁路建设的序曲。2003 年秦沈客运专线开通运营，它是中国第一条快速客运专线，设计时速达到 200 千米，成为中国高速铁路的技术和装备试验基地。

2008—2017 年，高速铁路建设快速发展。2007 年中国铁路第六次大提速后，中国在各主要提速干线（如京沪线、京广线、京哈线、胶济线等）大规模开行时速高达 200—250 千米的中国铁路高速（CRH）动车组列车，达到了当时世界上既有线路提速改造的先进水平。2008 年中国拥有了第一条时速超过 300 千米的高速铁路——京津城际铁路。京津城际于 2005 年 7 月 4 日开工建设，2007 年 12 月 15 日全线铺通，设计时速为 350 千米，线路全长 120 千米，其中无砟轨道长度为 113.6 千米。这条铁路是中国第一条满足高速铁路定义的城际高速铁路，也是《中长期铁路网规划》中的第一个开通运营的城际客运系统。2009 年中国又拥有了世界上一次建成里程最长、运营速度最高的高速铁路

（设计 350 千米 / 小时）——武广客运专线，在先导段创造了时速 486.1 千米的中国运营列车试验最高速度纪录。2013—2017 年，全国铁路完成固定资产投资 3.9 万亿元，新增铁路营业里程 2.94 万千米，其中高铁 1.57 万千米，这是历史上铁路投资最集中、强度最大的时期。截至 2017 年底，中国铁路营业里程达 12.7 万千米，其中高铁 2.5 万千米，占世界高铁总量的 66.3%，铁路电气化率和复线率分别居世界第一位和第二位。"复兴号"于 2017 年 6 月 25 日正式成为中国标准动车组的名称，并于 26 日在京沪高铁正式双向首发。"复兴号"动车组在京沪高铁率先实现 350 千米时速运营，中国成为世界上高铁商业运营速度最高的国家。此后，中国高铁里程不断增加，高铁网在中国越来越密。

（三）"交通大国"的水路建设

1405 年 7 月 11 日，明朝正使郑和率 2.7 万多人，乘 60 多艘大船，第一次出使西洋。2005 年 7 月 11 日，是中国伟大航海家郑和下西洋 600 周年纪念日。2005 年 4 月 25 日，经国务院批准，将每年的 7 月 11 日确立为中国航海日，作为国家的重要节日固定下来。新中国成立 70 年来，中国水运事业取得了举世瞩目的成就，水路交通运输面貌发生了翻天覆地的变化，现代化水平显著提升。中国的水路运输建设之路可分为三个阶段：

1. 艰苦创业：水运基础设施建设起步阶段（1949—1978 年）

新中国成立初期，中国水路基础设施十分落后，数量少、质量差、等级低、布局偏。1949 年，中国内河航道 7.4 万千米，其中等级航道仅仅 2.4 万千米，航道失修失养，淤积严重。水路运输船舶品种单一、吨位小、技术落后，仅有轮驳船 4000 多艘、帆船 30 万艘，港口设施处于极端落后的状态，装卸作业主要靠人挑肩扛，全国港口货物吞吐量仅 1000 万吨。港口生产码头泊位 161个，万吨级以上泊位 38 个，没有一个深水码头泊位。在这样的基础设施与技术状况下，水路客货运输量很小。

新中国成立后，采取了一系列措施揭开水路运输发展的新篇章。第一是进行政策体制的改革，接收官僚资本航运企业，接管沿海主要港口，成立各级航务机构。打捞沉船，迅速恢复沿海、近洋航运。开展重点海港的建设，促进区域经济贸易的发展。"一五"期间，水运生产资料所有制的社会主义改造基本完成，建立了"集中统一、分级管理、政企合一"的水运管理体制，提高了管理水平，挖掘了运输生产潜力，完成了少量重点工程建设，港口、航道、船舶等得到相应发展。

第二是有计划、有重点地进行水路基础设施如航道和港口的建设。20 世纪50 年代中后期掀起了内河航道建设高潮，航道里程迅速增长。1957 年全国内河航道里程达到 14.39 万千米，比新中国成立初期增加了 1 倍。1962 年又进一步发展到 17.28 万千米，达到历史最高水平。国家重点对川江航道进行系统治理，共整治滩险 123 处，清障 115 处，彻底治理了滟滪堆、碎石梁、王家滩等著名碍航滩险和礁石，成功整治了鸡扒子大滑坡，并设立航标，实现了川江夜航。以京杭运河扩建工程为重点，开始大规模内河航道整治。其中，404 千米徐州—扬州河段，共计投入资金 2 亿元，先后参建人员达 123 万人，这在当时的中国绝无仅有。随着航道基础设施的不断完善，内河航道网初步形成，航道成为水运经济大动脉。同时大力推进港口建设，1973 年，周恩来总理提出"三年改变港口面貌"，迎来了第一次港口建设高潮，建成了一批机械化、半机械化大型专业码头泊位，并着手建设集装箱码头，港口吞吐能力有了大幅提高。

第三是大力发展船舶与水运业务。1951 年，中国与波兰政府合营组建了中波轮船股份有限公司，一些国家与中国陆续建立了远洋运输业务关系。为改变主要依靠租用大量外国船舶的被动局面，1970 年以来，中国从国外大量购置二手船，远洋运输船队发展迅速，于 1975 年达到 500 万载重吨。

2. 积极探索：水路运输效率改革阶段（1978—2001 年）

1978 年，中国主要港口拥有生产泊位 735 个，其中万吨级及以上深水泊位 133 个，内河没有万吨级以上泊位。总的来说，中国水路交通基础设施仍然滞后。运输装备水平落后，运输保障能力不强，这成为制约经济社会发展的瓶颈。因此改革开放后，中国内河航道如长江干线、京杭运河、西江、湘江等相继进行系统全面的治理。1982 年开始，陆续对京杭运河航道进行整治，山东济宁至浙江杭州可通航 500 吨级船舶，苏北部分河段可通航千吨级船队。20 世纪90 年代末，长江口深水航道整治工程开工建设，这是迄今为止世界上最大、最复杂的河口整治工程。该工程于 2010 年顺利完工，至此长江口至太仓段 12.5米深水航道全面贯通，上海港及江苏沿江港口货物吞吐量迅速增长，通过长江口的货运量由 2000 年的 2.2 亿吨增加到 2012 年的 10.2 亿吨。

水运行业解放思想、开拓进取，率先创办对外开放的"窗口"——蛇口工业区。1979年2月，经国务院批准，交通部驻港企业——招商局在深圳宝安县蛇口公社境内建立工业区，第一次按国际惯例引入外商和引进外资，最先打破计划经济体制下的"大锅饭"，实行新的经济管理体制，推动国有水路交通大中型骨干企业建立现代企业制度。1992年，以中国远洋运输总公司和中国长江轮船总公司为班底，分别组建中国远洋运输集团、中国长江航运集团。1997年，部属企业合并重组了中国海运集团、中国港湾建设集团。

1984年，组建长江航务管理局，统一负责长江干线的航政、港政、航道整治管理。1985年，进一步放宽政策，国内水路运输价格有所放开。1984年，在天津港进行管理体制改革试点，并逐步在全国推广，由部门直接管理向部门和地方共同管理、以地方政府管理为主的双重管理体制转变。进行投融资体制改革，实行"谁建、谁用、谁受益"的政策，充分利用国内外多方面的资金，形成多元化的投资格局。1985年后，大型化、专业化港口进入了快速发展阶段，港口建设规模明显扩大，发展速度明显加快。1995年、1998年，分别两次召开全国内河航运建设会议，建立了内河航运建设专项资金，极大地推动了内河航运基础设施建设。1998年，为应对亚洲金融危机，国家实施扩大内需的方针，交通行业组织实施"一纵两横两网"航道建设，全面推进港口群建设，专业化深水码头泊位迅速增加，航道通过能力显著提升。

3. 与时俱进：科学发展阶段（2002—2017年）

根据国民经济与社会发展情况调整水路交通结构，促进优化升级，增强运输服务保障能力。国务院先后批准实施了《全国沿海港口布局规划》《全国内河航道与港口布局规划》《长江三角洲、珠江三角洲、渤海湾三区域沿海港口建设规划》等，形成了较为完整的水运长远发展规划体系。一批大型专业化集装箱码头和深水航道工程相继建成并投入使用，上海、天津、大连国际航运中心建设取得新进展。2016年末全国内河航道通航里程达12.71万千米。其中，等级航道6.64万千米，占总里程52.2%；三级及以上航道1.21万千米，占总里程9.5%。2016年全国港口拥有生产用码头泊位30388个，其中沿海港口生产用码头泊位5887个，内河港口生产用码头泊位24501个。全国港口拥有万吨级及以上泊位2317个，其中沿海港口万吨级及以上泊位1894个，内河港口万吨级及以上泊位423个。全国拥有水上运输船舶16.01万艘，净载重量26622.71万吨，载客量100.21万客位，集装箱箱位191.04万个标准箱。

党的十八大以来，中国港口智能化水平明显提高，万吨级以上泊位增加480个，平均每年增加96个，10万吨级以上港口泊位增加133个。截至2017年年底，全国港口拥有生产用码头泊位27578个，其中万吨级及以上泊位2366个（内河418个）。2017年投入运营的上海洋山深水港区四期全自动化集装箱码头是当时全球规模最大、自动化程度最高的集装箱码头。当时全球排名前十的港口中有7个位于中国，2017年上海港以4030万标箱吞吐量位居世界第一，深圳港、宁波舟山港、香港港分列第三位、第四位、第五位，广州港和青岛港分列第七位、第八位，中国现代化的大型港口在"一带一路"建设中扮演着重要角色。

（四）"交通大国"的航空建设

中国的航空建设之路主要分为四个阶段：

1. 航空运输初创阶段（1949—1978年）

1949年11月9日，原国民政府所属中国航空公司、中央航空公司总经理刘敬宜、陈卓林率两公司员工在香港光荣起义，并驾驶12架飞机飞回北京、天津（其中北京1架，天津11架）。这12架飞机，加上后来由"两航"员工修复的国民党遗留在大陆的17架小飞机，构成了新中国民航初期的机队主体。在这12架飞机中，包括由美国唐纳德·W.道格拉斯设计的DC-3螺旋桨飞机和美国康维尔公司出品的"空中行宫"（CV-204）。"两航"起义的唯一主机在1950年被命名为"北京号"，毛泽东主席亲自为该机题写了"北京"二字。（见图5-3）

图5-3　CV-204与"北京号"

20 世纪 50 年代，中国向苏联陆续购买了伊尔-14 飞机，承担专机和国内客运、货运任务。1959 年，中国又向苏联购买了伊尔-18 飞机，这标志着中国民航从使用活塞式螺旋桨飞机开始过渡到使用涡轮螺旋桨飞机。与此同时，一批有志于发展祖国航空工业的人士为了改变中国基本上依靠购买外国飞机来建设空军和民航事业的状况而不断努力拼搏。1957 年 12 月，中国自主研发并制造的运（Y）-5（又名"丰收-2"）首飞成功。

1963 年，中国从英国订购的"子爵号"飞机到货，并加入航班飞行，改变了以往主要使用苏制飞机的历史。1971 年，中国从苏联订购的伊尔-62 和安-24 飞机也先后投入使用。1972—1973 年，中国又从英国引进了"三叉戟"飞机。中国民航各型运输飞机总数达到 117 架，能够较好地贯彻"内外结合、远近兼顾"的经营方针。1972 年 2 月 21 日，美国总统尼克松乘坐"空军一号"——B707 飞机访问中国，标志着中国民航"波音时代"的到来。同年，中国向美国订购了 10 架 B707 客机。

在运（Y）-5 的基础上，中国又先后研发了运（Y）-8、运（Y）-10、运（Y）-11、运（Y）-12 等飞机。其中运-10 客机是 20 世纪 70 年代由中国航空工业上海飞机制造厂研制的四发大型喷气式客机，这是中国自行设计、制造的第一架完全拥有自主知识产权的大型喷气式客机。

中国在民航的管理上也进行了重要改革。1958 年 2 月，中国民用航空局划归交通部领导。1958 年 3 月 19 日，中国民用航空局改为交通部的部属单位。1960 年 11 月 17 日，中国民用航空局改称"交通部民用航空总局"，为部属一级管理全国民用航空事业的综合性总局，负责经营管理运输航空和专业航空，直接领导地区民用航空管理局的工作。1962 年 4 月 13 日，中国民用航空局改名为"中国民用航空总局"。1962 年 4 月，中国民用航空总局由交通部部属改为国务院直属，其业务工作、党政工作、干部人事工作等均直接归空军负责管理。这一时期民航领导体制几经改变，但管理内容、组织结构等方面的实质性内容并未有较大的变动，航空运输发展受政治、经济影响较大，并未迈出实质性改革步伐。1978 年，中国民航完成运输总周转量 2.99 亿吨千米、旅客运输量 230 万人次、货邮运输量 6.38 万吨，世界排名为第 37 名。中国民航还开通了 12 条国际航线，旅客运输量约 11 万人次，仅有 78 个民用运输机场（不含港澳台地区），其中军民合用机场 36 个。

2. 航空运输稳步发展阶段（1979—1987 年）

1980—1983 年期间，中国民航通过各种途径购置了一批当时具有国际先进水平的飞机，如波音和麦道等多种型号的先进水平飞机，同时淘汰大批老型号的飞机，以加快机型更新速度。20 世纪 80 年代，中国民航还先后引进了英国生产的肖特-360 飞机，法国生产的空客 A310 飞机，苏联生产的图-154 飞机等。1980 年，中国民航购买了波音 747SP 型宽体客机，这标志着中国使用的飞机已部分达到了国际先进水平。1983 年后，中国又通过贷款、国际租赁和自筹资金相结合的方式，购买了一批波音和麦道多种型号的先进飞机，包括波音747、波音 757、波音 767、波音 777 等飞机。

1980 年 3 月 5 日，中国民航脱离军队建制，民航局从隶属于空军改为国务院直属，实行企业化管理。同时中国民航局的特征又是政企合一，既是政府部门，又是直接经营航空运输、通用航空业务的全国性企业。民航局下设北京、上海、广州、成都、兰州（后迁至西安）、沈阳 6 个地区管理局。至 1980 年，中国民航只有 140 架运输飞机，且多数载客量仅 20 多人或 40 人，多为向苏联购买的苏式伊尔飞机。而载客量 100 人以上的中大型飞机只有 17 架，机场仅79 个，位列世界民航第 35 位。

1987 年，中国民航旅客运输量达 1310 万人次，货物运输量达 29.9 万吨，货邮周转量达 6.52 亿货运吨千米。1987 年，中国民航业进行以航空公司与机场分设为特征的体制改革。中国国际航空公司、中国东方航空公司、中国南方航空公司、中国西南航空公司、中国西北航空公司、中国北方航空公司等 6 家国家骨干航空公司成立。同时组建了民航华北、华东、中南、西南、西北和东北等 6 个地区管理局以及北京首都机场、上海虹桥机场、广州白云机场、成都双流机场、西安西关机场和沈阳桃仙机场。

3. 航空运输重组扩张时期（1988—2002 年）

20 世纪 60 年代中期，欧洲几家航空公司对新型宽体客机的需求促成了空中客车公司及其 A300 客机的诞生。空客从 1985 年起进入中国，1995 年底，民用航空共有 29 架空客飞机，占飞机总数的 7%。到 1990 年末，中国民航已拥有各型飞机 421 架，其中运输飞机 206 架，通用航空和教学校验飞机 215 架。大、中型客机的引进对民航机场在客观上提出了要建设具有与之相适应的发展水平和配套设施的机场的要求，致使机场发展出现了前所未有的兴旺局面。截至 1990 年底，有民航航班运营的机场总数达到 110 个，其中可起降波音 747 飞机的机场有 7 个。

1998 年 5 月，Y7-200A 适航试验型飞机取得了中国适航当局颁发的型号合格证，这标志着国产飞机的发展迈上了一个新的台阶。1999 年 1 月，西安飞机工业公司研发制造质量高、舒适性好的国产新一代支线飞机——新舟-60（MA-60）。1999 年 9 月，新舟-60 飞机开始在长安航空公司投入使用。

2002 年，民用航空运输业再次改革，组建了六大民航集团公司，分别是中国航空集团公司、东方航空集团公司、南方航空集团公司、中国民航信息集团公司、中国航空油料集团公司、中国航空器材进出口集团公司。成立后的集团公司与中国民用航空总局脱钩，交由中央管理。按照政企分开、属地管理的原则，90 个机场实行属地化管理改革，中国民用航空总局将机场交由所在省（区、市）管理，相关资产、负债和人员一并划转。至此机场属地化管理改革全面完成，这也标志着民航体制改革全面完成。

2002 年，中国航空运输总周转量达 165 亿吨千米，旅客运输量达 8594 万人次，货物运输量达 202 万吨。中国航空运输总周转量在世界排名第五位，旅客周转量在世界排名第四位，国际排位进一步上升，成为令人瞩目的航空运输大国。

4. 航空运输迅猛发展时期（2003—2017 年）

中国自主研发飞机的步伐从未停止，新支线飞机 ARJ-21 应运而生，ARJ-21 是中国首次按照国际民航规章自行研制、具有自主知识产权的中短程新型涡扇支线飞机，座级 78—90 座，航程 2225—3700 千米，主要用于满足从中心城市向周边中小城市辐射型航线的使用。2015 年 11 月 29 日，首架 ARJ-21 支线客机飞抵成都，交付成都航空有限公司，正式进入市场运营。具里程碑意义的便是中国研发的 C919，它是首款完全按照国际先进适航标准研制的单通道大型干线客机，是中国拥有完全自主知识产权的大型喷气式民用飞机，座级 158—168 座，航程 4075—5555 千米，于 2017 年 5 月 5 日成功首飞。

自 2005 年起，中国航空运输总周转量（不含港澳台地区）一直稳居世界第二。2017 年，中国共有客运航空公司 51 家、货运航空公司 9 家，形成了主体多元、竞争有序的市场格局。近年来，国内市场相继出现了多家支线航空公司和低成本航空公司，较好地满足了消费者需求。航线网络逐步完善，已基本形成以北京、上海、广州三个大型枢纽和成都、昆明、西安、乌鲁木齐等区域枢纽、门户枢纽为核心节点的轮辐式网络结构，以及枢纽之间的空中快线网络结构。国际航空运输也取得了长足进步。1978 年，中国民航开通了 12 条国际航线。至 2017 年底，中国已有 31 家航空公司，经营 810 条国际航线，运输国际旅客达 5544 万人次。机场数量达 233 个，年旅客吞吐量 1000 万人次以上的运输机场有 32 个，2000 万人次以上机场有 19 个，3000 万人次以上机场有 10 个。中国境内运输机场航站楼总面积约为 1238.97 万平方米。

（五）"交通大国"的管道建设

管道是油品运输的重要运输方式，中国现代化管道运输在 20 世纪 50 年代得到发展。1958 年，中国修建了新疆克拉玛依到乌苏独山子的原油管道，这是中国第一条现代输油干线管道，全长 147 千米。20 世纪 60 年代以来，随着大油田的相继开发，东北、华北、华东地区先后修建了 20 多条输油管道，总长度达 5998 多千米，其中原油管道 5438 千米，成品油管道 560 多千米。东北、华北、华东地区建成原油管道网，管道线路包括大庆—铁岭—大连港、大庆—铁岭—秦皇岛—北京、任丘—北京、任丘—沧州—临邑、濮阳—临邑、东营—青岛市黄岛、东营—临邑—齐河—仪征等。此外，新疆克拉玛依—乌鲁木齐、广东茂名—湛江等地也建有输油管道。1976 年，青海格尔木到西藏拉萨的 1100 千米成品油管道建成。1990 年，初花土沟—格尔木输油管道亦已启泵输油。

随着能源需求的增大，输送天然气的管道运输也逐渐发展。1961 年，綦江县至重庆市的巴渝输气管道建成，这是中国第一条输气管道。1966 年，威远—成都输气管道建成。1979 年，川东垫江县龙溪河—重庆—泸州—威远—成都—德阳干线及支线输气管道建成，长度达 2662 千米，这些管道都位于天然气丰富的四川省。20 世纪 80 年代以来，华东、华北地区的输气管道也有所发展，将各大油田产的天然气输向北京、天津、开封等城市。

改革开放以来，中国油气管道仍在加紧建设，管道里程不断增加。2004 年，中国油气管道总里程不到 3 万千米。截至 2016 年底，中国已建成油气管道总里程 11.64 万千米，其中天然气管道 6.8 万千米。（见表 5-1）经过多年的建设与发展，覆盖全中国的油气管网初步形成，东北、西北、西南和海上四大油气通道战略布局基本完成。中国已经形成了由西气东输一线和二线、陕京线、川气东送为骨架的横跨东西、纵贯南北、连通海外的全国性供气网络。"西气东输、海气登陆、就近外供"的供气格局已经形成。中哈、中俄、西部、石兰、惠银等原油管道构筑起区域性输油管网。以兰成渝、兰郑长等为代表的成品油管道，构成了我国主要输油网络，形成了"西油东送、北油南下"的能源流动格局。

表 5-1　2010—2016 年中国油气管道总里程

年份	天然气管道里程/万千米	油气管道总里程/万千米
2010	2.6	7.85
2011	3.0	8.33
2012	3.4	9.16
2013	3.9	9.85
2014	4.3	10.57
2015	5.0	10.87
2016	6.8	11.64

数据来源：国家统计局。

管道运煤正在积极研究试验中。1991 年初中国在辽东湾海域铺设长距离海底输气管道（锦州—兴城连山湾），1991 年 3 月又建成了位于秦皇岛市境的中国第一条，也是最长的一条液氨地下管道。

二、"交通强国"发展之路

（一）"交通强国"的提出

中国已经建成了全球最大的高速铁路网、高速公路网、世界级港口群，航空、航海通达全球，综合交通网络总里程超过 600 万千米，"交通大国"已经建成。2017 年 10 月，党的十九大报告首次提出建设"交通强国"的目标，要求破解交通可持续发展难题，深化供给侧结构性改革，推动行业高质量发展。

这在中国交通运输发展史上是前所未有的，标志着交通运输行业有了国家战略，标志着建设"交通强国"由行业愿景上升为全党全社会的意志。

中共中央、国务院对加快建设"交通强国"做出了一系列重大战略规划。2019年9月、2021年2月，中共中央、国务院先后印发《交通强国建设纲要》和《国家综合立体交通网规划纲要》，二者共同构成了指导加快建设"交通强国"的纲领性文件，为加快建设"交通强国"提供了明确的顶层设计。

回望2018年至2022年这五年，中国交通运输事业取得了历史性成就，发生了历史性变革，由"交通大国"向"交通强国"的历史性跨越迈出了第一步，服务保障了第一个百年奋斗目标的实现。"交通强国"战略提出以来，中国可持续交通大力发展，综合立体交通网加速成形，有力保障了国内国外经济循环畅通。截至2021年底，中国高速公路里程达16.91万千米，位居世界第一。经过改革开放以来40余年的发展，中国公路交通运输历经了从"瓶颈制约"到"总体缓解"，再到"基本适应""适度超前"的发展历程，公路规模总量已位居世界前列，其中高速公路里程已稳居世界第一位。"十三五"时期，一大批重大工程项目开工建设或陆续建成，有力支撑了国家重大战略的落地实施。在"一带一路"沿线交通基础设施互联互通方面，小勐养至磨憨、靖西至龙邦等高速公路项目建成通车，海拉尔至满洲里、二连浩特至赛罕塔拉、精河至阿拉山口、天保至文山高速公路项目正在抓紧实施，连接重要口岸的高等级公路进一步完善。在京津冀暨雄安新区交通建设方面，京礼高速公路、津石高速公路河北段等项目建成通车，京雄高速公路、荣乌高速公路新线、新机场至德州高速公路等雄安新区骨干路网项目正在抓紧实施。在长江经济带交通建设方面，芜湖二桥、池州长江公路大桥、南京长江五桥、湖北沌口长江大桥、嘉鱼长江公路大桥、石首长江公路大桥等多座跨江大桥建成通车，长江两岸联系更加紧密。在粤港澳大湾区建设方面，港珠澳大桥、虎门二桥等重大项目建成通车，深中通道开工建设，沈海高速公路多个路段实施扩容改造，公路交通基础设施不断完善。

（二）"交通强国"的建设

1. 交通设施走向网络化与协同化

随着综合立体交通网络的初步形成和人们更高水平出行体验要求的提出，

交通设施的网络化和协同化发展成为"交通强国"建设的一大重点。交通基础设施的网络化，是指交通基础设施连线成网，覆盖全国，成为设施密度高的覆盖网络，其有力推进了中国交通的高质量可持续发展。交通设施协同化，是指通过信息化技术，在不同类型、不同功能的交通设施之间实现信息共享、资源共享、衔接配合，其可以使出行变得更加顺畅和高效。一方面，通过很少的人力、物力，挖掘现有基础设施的潜在价值，增加数据获取的维度，延长设施的生命周期；另一方面，满足基础设施全寿命数据监测、海量数据处理分析等需求，形成体现创新、协调、绿色、开放、共享的新发展理念，不断提高交通基础设施的核心竞争力。例如，通过将公路、高速公路、城市快速路、地铁等不同交通设施信息进行整合，实现出行路径的智能推荐和多方式出行的便捷转换。

中国政府在推动交通设施网络化和协同化方面采取了多项政策举措，交通设施网络化和协同化已经取得了一系列成效。截至 2022 年底，公路通车里程达 535 万千米，其中高速公路 17.7 万千米，构建了村村通公路、县县相通联的公路网络体系。城市道路总长度达到 45.9 万千米，人均道路面积达到 17.36 平方米，建成区路网密度达到 6.65 千米 / 平方千米，道路面积率达到 13.19%。港珠澳大桥的建成，迅速打通了广东、香港、澳门三地的人流、物流、信息流，实现"一小时生活圈"。中国的城市公交车和地铁已经实现了互联互通，旅客可以在一个平台上查询和购买不同的公共交通票，甚至多个城市的交通系统正在实现信息共享。

铁路方面，中国已经编织一张世界最大的高速铁路网，总长度接近 3 万千米，将东南西北各个区域的大中城市快速相连，"四纵四横"高铁网全面建成，"八纵八横"高铁网加密形成，有力支撑了国家重大战略实施。截至 2021 年底，全国铁路营业里程达 15 万千米，铁路已覆盖 81.6% 的县。旅客列车开行数量增长了 1.4 倍，复兴号动车组实现了对 31 个省（区、市）的覆盖。

水运交通设施网络化和协同化是综合交通设施中的重要一环。截至 2021 年底，全国内河港口共有 175 个，其中大型港口 49 个、重点港口 83 个、支线港口 43 个，形成了具有优势的港口网。截至 2022 年底，港口拥有生产性码头泊位 2.1 万个，全国内河航道通航里程达 12.8 万千米。此外，中国还加大了内河航道疏浚和整治力度，不断提升水运运输能力和安全保障水平，建立航行信息服务系统和水路交通信息管理平台，为船舶提供实时的导航和交通信息，推进了水运交通设施的网络化和协同化。

航空交通设施的网络化和协同化主要是机场和航空交通管制系统的协同发展。据统计，截至 2022 年底，中国民用颁证机场已经有 254 个。京津冀、长三角、粤港澳大湾区和成渝四大世界级机场群建设已初具雏形，全国已基本建成由北京、上海、广州、成都、西安等十大国际航空枢纽和 29 个区域枢纽等组成的现代化机场体系。同时，航空交通设施中的机场地面设施在智能化方面取得了进展。例如，广州白云国际机场采用了机器人导航车、自动扫地机等智能设备，提高了机场地勤服务的效率和质量。此外，航空交通设施的智能化和自动化逐步升级。中国已经建立了一套完整的无人机管理体系，包括无人机注册、飞行许可、监管执法等，实现了对无人机的全面管理和管控，同时也实现了机场和航空交通管制系统的协同发展。

未来，中国"交通强国"中交通设施网络化和协同化的发展将面临更多的挑战和机遇。一方面，新技术的发展将加速网络化和协同化，如自动驾驶技术、智能交通系统等；另一方面，需要解决数据共享、信息安全、隐私保护等问题，确保网络化和协同化的可持续发展。因此，在促进城市内外交通有效衔接，推动轨道网融合，加强干线公路与城市道路衔接，统筹枢纽场站布局与周边区域开发建设的同时，也需要加强技术研发和政策支持，从而推动交通设施网络化和协同化的高质量发展，提供更为便捷、高效、安全的出行体验。

2. 交通工具走向绿色化和低碳化

中国"交通强国"的另一个特色是交通工具绿色化和低碳化。绿色交通工具是指能够减少或避免对环境和人体健康造成负面影响的交通工具，包括各种低污染车辆，如双能源汽车、天然气汽车、电动汽车、氢气动力车、太阳能汽车等，以及绿色船舶、绿色飞机等。这些交通工具使用清洁、可再生能源，或者采用先进技术，在自然环境方面能够减少能源消耗和废气排放，减少公共空间噪声，减少街道尘土与污垢。绿色交通工具在社会效益方面可以提高市区生活品质，在经济方面可以降低能源费用，减少能源短缺，是解决交通带来的空气污染、温室气体排放、能源消耗和城市拥堵四大问题的主要抓手。

中国政府致力于推动交通工具绿色化和低碳化，出台了一系列支持新能源汽车发展政策，如财税优惠、补贴资金等。同时，实行一系列限制传统燃油车使用的政策，如强制实施汽车平均燃料消耗量和新能源汽车积分并行管理制度等。除加快地铁、轻轨等城市轨道交通建设之外，还大力推广电动公交车、电动出租车、共享单车等低碳交通工具，实施多项鼓励绿色交通出行的政策措施。根据中国汽车工业协会统计，2022 年中国新能源汽车全年销售 688.7 万辆，全球销量占比超过 60%。其中，纯电动汽车销量 536.5 万辆，插电式混动汽车销量 151.8 万辆。截至 2022 年底，中国新能源汽车保有量已经超过了 500 万辆，其中纯电动汽车占比超过 80%。此外，中国在电动汽车充电基础设施建设方面也取得了进展，截至 2022 年底，全国公共充电桩已经超过了 140 万个。预计到 2035 年，新能源汽车保有量达到 70% 以上，新能源汽车销售占比超过 50%。未来将实施汽车平均燃料消耗量和新能源汽车积分并行管理制度，推动传统燃油车转型。

随着《内河船舶排放标准》《内河船舶污染物排放监督管理暂行办法》《长江船舶排放控制区管理办法》等一系列政策的出台，水运交通工具的排放标准和控制要求进一步规范，对水运交通工具的绿色化提出了新的要求。对此，政府设立了绿色交通专项资金，为绿色船舶的研发、推广和示范运营提供财政支持，并鼓励采用清洁能源替代传统燃料，对符合条件的船舶给予财政补贴和税收优惠。技术的创新为水运交通工具的绿色化和低碳化提供了重要支撑。例如，在船舶燃料的转型升级上，采用液化天然气等清洁能源替代传统的燃油，可以有效减少排放物的产生，达到绿色低碳的效果。同时，采用先进的船舶设计和制造技术，升级船舶动力和控制系统，提高水运交通工具的能效，减少能源消耗。中国在水运交通工具绿色化和低碳化方面已经取得了显著的成就，截至 2022 年底，全国内河船舶液化天然气使用率达到 18.4%，高出 2017 年 15 个百分点。全国内河船舶的氮氧化合物排放总量同比下降 22.5%，硫氧化物排放总量同比下降 29.2%。

为了推进航空运输绿色化和低碳化，一系列政策逐渐落地实施。2017 年出台的《中国民用航空绿色发展行动计划（2017—2020 年）》提出加快绿色航空燃料生产和使用，推广节能环保技术和装备。《航空燃油混合使用推广实施方案》一文提出，到 2030 年，燃油混合使用率达到 50% 以上。2019 年中国民航局发布了《民航节能减排行动计划（2019—2025 年）》，提出加强航空公司节能减排管理。2020 年发布的《关于进一步加强绿色金融支持生态文明建设的指导意见》，鼓励金融机构支持航空公司发展低碳航空运输和新能源飞机等领域的绿色项目，推进航空运输绿色转型发展。这些举措都已经取得显著成效，比如，"十三五"期间，ARJ-21支线客机规模化运营，首架国产大型客机C919成功试飞。南方航空公司在2019年实现了国内首次利用生物质燃料进行货运航班的飞行。同时，中国也在加强绿色航空燃料的研发和推广，推动新能源飞机的发展。

在铁路交通领域，中国出台了《国家铁路电气化建设规划（2016—2025年）》，强调要加快铁路电气化建设，促进新能源铁路交通的发展，提高铁路系统的能源利用效率。各地铁路局根据《关于进一步加强铁路运输节能减排工作的通知》制订具体的节能减排方案，通过优化列车编组、调整车速、提高车辆性能等措施，降低铁路运输能耗和污染物排放。这些政策已经取得了一些显著的成效，具有完全自主知识产权的全系列复兴号动车组上线运行，中国高温超导磁悬浮列车时速达620千米。截至2021年底，中国已拥有近3万辆新能源铁路交通工具，新能源铁路交通工具数量占铁路车辆总数的比例逐年提高。全国铁路电气化里程已达到14.6万千米，电气化比例达到71.4%。同时，中国铁路还在加速新能源铁路交通的推广应用，全国多条新能源铁路线路已经建成或正在建设中。

在管道方面，国家能源局和交通运输部等部门共同出台一系列政策和措施，促进管道运输工具的绿色化和低碳化。例如，制定了《石油天然气管道及配套设施建设标准》，加强了对管道建设的规范和管理。同时推行清洁能源替代计划，如利用天然气作为管道运输工具的动力源。此外，采用先进的节能技术和装备，如超高压输气技术、智能管道监测技术、多级泵站技术等，提高管道运输工具的能源利用效率，减少能源浪费。

未来，交通工具绿色化和低碳化的发展将面临更多的挑战和机遇。一方面，需要加强技术研发和政策支持，推动新能源交通工具技术创新和产业升级，以提高新能源交通工具的性能和竞争力；另一方面，需要进一步优化能源结构，加快推广可再生能源和清洁能源，减少交通工具对环境的污染和碳排放，为实现可持续发展做出更大的贡献。

3. 交通服务走向智能化

中国一直致力于提升交通服务质量，《智慧交通让出行更便捷行动方案

（2017—2020年）》《推进智慧交通发展行动计划（2017—2020年）》《数字交通"十四五"发展规划》等一系列措施纷纷落地。中国"互联网＋交通"等新模式快速发展，交通服务实现了"人便其行、货畅其流"，通达性和保障性显著增强。互联网出行服务体系不断完善，互联网售票比例和电子客票使用率不断提高。据统计，铁路互联网售票比例超过80%，电子客票应用覆盖全国高铁和城际铁路站、800个道路客运站和200多家机场，高速公路客车ETC使用率超过71%，"互联网＋"便捷交通创新应用成效显著，"掌上出行"等新业态不断推出。随着技术的发展和人们"美好出行"需求的日益增长，交通服务顺应信息消费、数字消费发展趋势，充分利用智能交通系统和大数据等新一代信息技术，提高交通系统运行效率，优化交通服务体验，提高交通安全水平，减少交通污染和能源消耗，不断推动交通服务智能化发展，这主要体现在交通出行服务、交通安全服务和交通信息服务三个方面。

交通出行服务的智能化包括路况导航、智能调度、智能停车、智能票务等，作为交通出行服务的一环，交通票务服务目前采用电子化、移动化等新技术，打造智能化的交通票务服务平台，实现了车票预订、购票、改签等服务的智能化管理和操作，提升了购票体验。例如，中国铁路推出的"智行天下"App，为旅客提供了购票、实时查询列车信息、在线支付、自动出票等多种服务。一些城市已经推广"智慧出行"App，通过实时获取路况、公交信息等，为用户提供最优出行方案。部分高速公路服务区已经实现了智能化服务，包括自助取票、自助缴费、智能化厕所等，提升了用户的服务体验。在航空运输方面，2019年中国民航局发布《关于进一步推进民航信息化建设的通知》，提出到2025年，实现民航数据应用、智能安检、智能引导、智能保障等领域的智能化服务全面覆盖。例如，北京首都国际机场引入了"智慧安检"系统，通过人脸识别、行李自动分拣等技术实现了快速、高效、智能的安检服务，有效减少了行李丢失和错发的情况。

交通安全服务的智能化主要是采用智能监控、人工智能等技术手段，实现交通安全监管、预警、处置等服务的智能化管理，提高交通安全保障水平。据统计，中国已经建成了200多个城市的智能交通管理平台，涵盖了交通信号、车辆监管、道路监控等方面。其中，广东省智慧交通综合监控平台每天能够处理200多万辆车辆的信息，有效地提高了城市的交通安全水平。在智能出行服务方面，北京、上海、成都等城市已经推广电子警察、人工智能交通事故处理等技术。铁路部门开展了"铁路千里眼"工程，通过视频监控系统和人工智能技术，对车站、线路、车辆等进行全面监测，及时发现和处理安全隐患，有效提高了铁路的安全性和可靠性。2019 年正式启用的北京大兴国际机场，利用人工智能技术，实现了机场巡检机器人和智能机器人引导旅客等智能化服务，如图 5-4 所示。机场巡检机器人能够进行自主巡检、监控和预警，智能机器人能为旅客提供信息咨询、导航和语音翻译等服务。水运方面，上海洋山深水港自动化码头取得重大成就，随着智慧港口建设，曾经配载一艘船需要 4 小时，现在只需要 15 分钟。通过自动检测、智能道口等智能系统的应用，洋山深水港四期码头平均作业效率较开港初期提升近 30%。洋山深水港工作人员通过使用第五代固定网络技术（F5G）来实现远距离的"隔空取箱"。中国长江三峡集团公司旗下的某船舶配备了一套全自动化的泊系统，只需按下按钮，船舶就可以自动完成泊和解绑的操作，从而减少人为操作的失误和意外，提高船舶操作的精度和安全性。此外，通过在水域中布置一些传感器设备，可以实现对水文、气象等环境参数的实时监测和预测，提高航行安全。

图 5-4 机场巡检机器人和智能机器人

交通信息服务的智能化主要是通过建设交通信息化平台，采集、整合、处理交通信息，为各类用户提供智能化的交通信息服务，包括交通预测、出行建议、交通指数等，提高公众出行决策的准确性和便捷性。比如，高德地图提供的交通态势服务，实时监测和分析道路交通状况，通过绿、黄、红三种颜色标识道路的拥堵程度，同时提供道路拥堵指数和拥堵延时等数据，帮助驾驶员选择最优路线。此外，还提供了实时路况播报、限行提醒、交通事件预警等功能，帮助驾驶员更好地规划出行路线，提高交通出行效率。铁路信息服务的智能化也处处可见，如现在车站内可以实时看到车次、到站时间和延误的具体时间等。水运信息化也在不断发展，如水运云平台，覆盖全国各个港口和水道，可以整合港口物流、航线运营、安全管理等方面的信息资源。用户通过水运云可以实现船舶定位、航线规划、货物跟踪、在线申报等功能。

4. 交通管理走向数字化

交通管理走向数字化，也是中国"交通强国"建设在数字化时代的一大建设要点。进入大数据时代，交通数字采集手段增多，数据面广，如公交场站位置、车辆数据等基础设施数据，GPS、IC卡的IOT（Internet of Things）数据，车辆业务数据以及社交媒体上的一些外部数据等。交通数据的普及性、普遍性、精确性等有助于交通信息高度集成和互联，以达到更精确管控的效果。交通管理部门依靠各种互联网感知器，将各种分散的、不规则的信息整合成一张"信息网"，对复杂天气、拥堵、事故等进行实时分析，掌握更多的交通状况，实现对资源的协调和优化，减少不必要的资源浪费。交通数字化管理使人、车、路高度信息化、协同化，不仅能产生"1＋1＞2"的效果，也可以进一步提高交通运输安全及绿色水平，契合可持续交通对环境、资源、社会、经济、科技可持续性的要求。

自2017年以来，中国已经采取了一系列措施来实现数字化管理，并初步取得了显著成效。中国已经在全国范围内建立了城市交通控制中心，通过实时监测交通流量、路况等信息，基本实现了交通管理的数字化。2018年颁布的《关于促进"互联网＋交通"发展的指导意见》提出了发展智慧交通的战略目标，鼓励各地探索建设智慧交通信息平台，推进智慧交通建设。各级地方交通管理部门建立了智慧交通数据中心，整合各类交通数据，实现数据共享，为智慧交通提供了数据支撑。

2019年《数字交通发展规划纲要》指出，应不断完善国家综合交通运输信息平台，提高决策支持、安全应急、指挥调度、监管执法、政务服务、节能环保等领域的大数据运用水平，实现精确分析、精准管控、精细管理和精心服务。交通管理数字化的应用多种多样，尤其是在城市交通和公路中的应用，如像北京、上海、广州等一线城市以及长春、兰州、呼和浩特等地已部署了电子警察系统，利用高清摄像头、智能分析等技术，实现交通违法行为自动监控和违法行为数据的快速采集和处理。广东省交通运输厅建设了"广东省交通智能管理平台"，通过数字化技术实现对交通运输系统的全面监控和管理，包括道路状况、车流量、交通事故等信息的实时采集和分析，实现了对全省交通运输系统的监管和管理。中国民航管理部门也在推进全国空管数字化建设，实现全国范围内的信息共享、数据交换和智能协同，通过建设统一的数字化平台，将各个机场的信息、数据、人员和设备资源整合起来，实现空中交通管制的自动化、智能化和协同化。例如，2019 年北京大兴国际机场投入使用的空管系统，是全球首个应用 5G、人工智能、云计算等技术的数字化空管系统，实现了空管系统的全面升级和数字化转型。随着水运交通技术的不断创新，中国水运交通管理将继续深入推进，通过数字化和信息化手段提高水运交通管理的效率。交通运输部于 2019 年启动了长江航运智能监管系统，该系统利用高精度卫星定位、智能识别技术和大数据分析，能够实时监测船只位置和状态，并对航行路线、速度、载货量等进行预警和监管，大大地提高了长江航运的安全性和管理效率，同时也降低了交通事故发生率。此外，中国海事局也在积极推进"海事大数据"建设，应用大数据和人工智能技术，对海洋环境、航线、船舶等进行分析和研究，提高了海事监管效率和安全性。2022 年国务院印发《"十四五"现代综合交通运输体系发展规划》，提出创新驱动、深化改革，要求注重新科技深度赋能应用，提升交通运输数字化智能化发展水平。

参考文献

［1］何兴华. 可持续发展论的内在矛盾以及规划理论的困惑：谨以此文纪念布隆特兰德报告《我们共同的未来》发表 10 周年［J］. 城市规划，1997（3）：48-51.

［2］周江评，李玉涛. 可持续交通的概念演进与范式体系［J］. 中国投资（中英文），2021（CB）：30-34.

［3］齐中熙，周圆，许可，等. 书写"联通""畅通""沟通"新篇章——习近平主席在第二届联合国全球可持续交通大会开幕式上的主旨讲话解读［J］. 珠江水运，2021（20）：20-21.

［4］HUSGAFVEL ROOPE. Exploring Social Sustainability Handprint-Part2: Sustainable Development and Sustainability［J］. Sustainability, 2021, 13（19）.

［5］兰旭，马超. 绿色公路理念在高速公路设计中的应用［J］. 公路，2020，65（7）：237-241.

［6］王建. 自动驾驶技术概论［M］. 北京：清华大学出版社，2019.

［7］王云鹏，鲁光泉，陈鹏，等. 智能车联网基础理论与共性关键技术研究及应用［J］. 中国科学基金，2021，35（A1）：185-191.

［8］于祥明，俞立严. 公路沿线充电基础设施 2025 年成"网"［N］. 上海证券报，2022-08-26（2）.

［9］中国石化销售有限公司. 压缩天然气加气站［M］. 北京：中国石化出版社，2017.

［10］康浩，黄伟，张洋，等. 我国快速公交系统发展阶段回顾与思考［J］. 规划师，2013，29（11）：5-10.

［11］李瑞敏. 出行即服务（MaaS）概论［M］. 北京：人民交通出版社，2020.

［12］晋永荣，陈晓丽. 高速列车驱动装置对转向架气动噪声的影响［J］. 科学技术创新，2020（28）：81-83.

［13］王宁. 高寒环境下受电弓导流罩力学性能研究［D］. 南京：南京航空航天大学，2013.

［14］陆化普，张永波. 可持续发展视角下我国交通强国建设成就、变化与展望［J］. 可持续发展经济导刊，2021（C2）：41-44.

［15］刘祎. 列车实时追踪及预警系统的定位方法及研究与设计［D］. 北京：北京交通大学，2013.

［16］贺渊文，殷艳红. 共享单车在高校校园使用情况调查及分析［J］. 黑龙江交通科技，2018，41（1）：153-158..

［17］YIN YANHONG, YU Z, WANG H, et al. Sharing transport in high education area of Ningbo: Examining users' characteristics and driving determinants［J］. Journal of Cleaner Production, 2021, 306: 127231.

［18］YIN YANHONG, MIZOKAMI S, MARUYAMA T.An analysis of the influence of urban form on energy consumption by individual consumption behaviors from a microeconomic viewpoint［J］. Energy Policy, 2013, 61: 91909-91910.

［19］魏然，颜颖，张国平. 日本新干线客运产品设计及启示［J］. 铁道运输与经济，2020，42（12）：89-93＋105.

［20］康劲松，李鸿哲，马源，等. 氢燃料电池列车能量管理策略研究综述［J］. 铁道车辆，2023，61（2）：1-9＋18.

［21］周晓，冷瑜. 航运业碳减排和零碳发展面临的挑战与应对建议［J］. 上海船舶运输科学研究所学报，2021，44（4）：63-68＋83.

［22］王晨. 我国港口低碳绿色发展研究［D］. 大连：大连海事大学，2012.

［23］林宇，刘长兵，张翰林，等. 国内外绿色港口评价体系比较与借鉴［J］. 水道港口，2020，41（5）：613-618.

［24］陈宏燕. 江苏绿色航道标准体系构建研究［D］. 南京：东南大学，2019.

［25］刘会纳，刘巍. 船舶未来燃料的走向或是"组合替代"［J］. 中国远洋海运，2022（6）：50-55.

［26］党瑞楠. 电动货船充电站选址及配送路径协同优化研究［D］. 北京：华北电力大学，2022.

［27］YIN YANHONG, CHEN T, DU ZG, et al. The impact of transport pricing policy on individual energy consumption: a modeling case study in Kumamoto［J］.

Journal of Advanced Transportation, 2016, 50（4）：459-472.

［28］YIN YANHONG, MIZOKAMI S, AIKAWA K.Compact development and energy consumption: scenario analysis of urban structures based on behavior simulation［J］. Applied Energy, 2015, 159：449-457.

［29］许雅玺. 欧洲排放交易体系下的中国民航低碳策略研究［J］. 特区经济, 2011（9）：299-301.

［30］许全宏, 张弛, 林宇震. ICAO 最新民机排放目标对我国低污染燃烧室发展的影响［J］. 国际航空, 2009（8）：72-73.

［31］何鹏, 孙瑞山. 全球疫情下的航空安全前沿问题与研究趋势［J］. 交通信息与安全, 2021, 39（4）：1-8.

［32］闫海, 孟琦. 全球航空碳减排的法制发展及其对我国的启示［J］. 南京航空航天大学学报（社会科学版）, 2019, 21（4）：62-67.

［33］张秀凤, 裴迎栋, 邓丽华. 数字技术助力民航绿色发展［J］. 通信企业管理, 2023,（1）：74-76.

［34］ELOCHUKWU A, CHIDINMA J.Safety Perception and Implications for Sustainable Air Transport Business［J］. Journal of Economics and Technology Research, 2020, 7（27）：2690-3695.

［35］唐梦玲, 马菽婧, 刘婷婷, 等. 绿色机场可持续发展能力的影响机制分析［J］. 价值工程, 2022, 41（32）：22-24.

［36］廖维君, 范英. 国际航空碳抵消协议对不同国家的影响分析［J］. 中国人口·资源与环境, 2020, 30（6）：10-19.

［37］狄彦, 帅健, 王晓霖, 等. 油气管道事故原因分析及分类方法研究［J］. 中国安全科学学报, 2013（7）：109-115.

［38］刘广庆. 水暖管道腐蚀现象与预防措施［J］. 科学技术创新, 2019（25）：140-141.

［39］安邦. 油田焊接钢质管道在线挤涂防腐的探讨［J］. 全面腐蚀控制, 2021, 35（9）：157-158.

［40］王伟, 赵少魁. 管道机器人的研究现状及其展望［J］. 兵工自动化, 2019, 38（12）：24-30.

［41］贾璇. 交通建设取得多项世界第一　从交通大国迈向交通强国［J］. 中国

经济周刊，2022（19）：51-53.

［42］张钰书.科技引领　创新驱动交通未来［J］.人民交通，2020（2）：22-23.

［43］方陈晔，费丹瑜，张弯弯，等.城市交通问题及交通政策效果对比分析［J］.管理学文摘，2016，（1）：3-6.

［44］殷缶，梅深.国务院新闻办公室举行"加快建设交通强国　努力当好开路先锋"发布会［J］.水道港口，2022，43（1）：15.

［45］耿彦斌，刘长俭，孙相军.新发展阶段加快建设交通强国的宏观特征与优化路径［J］.科技导报，2022，40（14）：31-40.

［46］张峰，魏天呈.交通强国愿景下智慧交通投融资最优路径探讨［J］.公路，2022，67（9）：342-345.

［47］肖佑铭，喻琳，徐锐，等.智慧交通运输综合执法数据可视化平台设计与实现［J］.交通科技与管理，2023（6）：4-6.

［48］SCHEELHAASE JANINA, MAERTENS SVEN. How to improve the global 'Carbon Offsetting and Reduction Scheme for International Aviation'（CORSIA）［J］. Transportation Research Procedia, 2020, 51: 108-117.

［49］冯保国，廉宇峰.基于B/S模式和自有架构的智慧交通数字孪生系统［J］.中国交通信息化，2023，279（2）：137-140.

［50］童烨芝，殷艳红，刘于晴.我国城市公共交通财政补贴模式研究［J］.科技与管理，2017，19（5）：52-57.

［51］周浩群，王艳，黄泽林，等.公安交通管理业务数字化研究与设计［J］.道路交通科学技术，2023（1）：48-52.

［52］SHARDEO V, DWIVEDI A, PATIL A.Analysis of recovery measures for sustainable freight transportation［J］. Journal of Asia Business Studies, 2022, 16（3）: 495-514.

［53］DONAIS F M, WAYGOOD E, LAVOIE R, et al. Municipal decision-making for sustainable transportation: Towards improving current practices for street rejuvenation in Canada［J］. Transportation Research Part A: Policy and Practice, 2022, 156: 152-170.

［54］YIN YANHONG, WANG H, XIONG JM, et al. Estimation of optimum supply of shared cars based on personal travel behaviors in condition of minimum energy consumption [J]. Environment, Development and Sustainability, 2021, 23: 13324-13339.

[55] YIN YANHONG, ZHANG L, YANG ZZ, et al. Achieving maximum energy consumption efficiency from a personal behavior perspective: A case study of Kumamoto [J]. Journal of Cleaner Production, 2020, 248: 119234.